Ich bin schizophren
und es geht mir allen gut

Dirk Bernemann

– Anti-Pop –

2. Auflage Dezember 2009

Titelbild: Thomas van de Scheck, www.tvds.de
Umschlaggestaltung: Nadja Riedel, www.d-ligo.de

©opyright by Dirk Bernemann
Lektorat: Franziska Köhler

ISBN: 978-3-86608-107-9

Alle Rechte vorbehalten. Ein Nachdruck oder
eine andere Verwertung ist nur mit schriftlicher
Genehmigung des Verlags gestattet.

Hat Dir das Buch gefallen? Schreib Deine Meinung an
gelesen@ubooks.de

Möchtest Du über Neuheiten bei Ubooks informiert
bleiben? Einfach eine Email mit Deiner Postadresse an:
katalog@ubooks.de

Ubooks-Verlag
Wellenburger Str. 1
86420 Diedorf

www.ubooks.de

Inhalt

Vorwort von Mille Petrozza	Seite 5
Es fehlt mir gänzlich an freiwilliger Selbstkontrolle	Seite 7
Neulichkeiten	Seite 11
Sweetness to go	Seite 16
Leaving Hamburg-Altona	Seite 19
Something about Bernemann	Seite 23
Wir sind Weltmeisterin	Seite 28
Die okayen Leute sehnen sich nach neuen Menschen	Seite 38
Wurmkonflikt	Seite 44
Der Campingstuhl	Seite 51
Was Leute nicht alles Kunst nennen	Seite 61
Das Ganze ist relativ radikal minimal	Seite 70
Bierflaschenkinder unterwegs	Seite 81
Ich bin schizophren und es geht mir allen gut, danke	Seite 90
IrgendEINgehen	Seite 96
Poesieteil gegen Grammatik und Freunde	Seite 118
Über Lesen	Seite 155
HeiligRockTrier	Seite 181
Katrin	Seite 189
Gedanken zum Jahreswechsel	Seite 196
Und schließlich ist es Mitgefühl	Seite 204
Night by train and celebrating youth and friendship	Seite 210

Vorwort von Mille Petrozza
Dirk Bernemann – ein Meister seiner Zunft

Ohne Gnade, kompromisslos und brutal gewähren uns seine Geschichten einen Blick direkt in die nicht so schöne, oft erschreckend vertraute Fratze der deutschen Wirklichkeit. Viele wollen diese Realität nicht sehen, obwohl doch alle wissen, dass sie stets präsent ist.

Meine erste Begegnung mit dem Kultautor des Misanthropenzirkels der Schattenwelt war natürlich «Ich hab die Unschuld kotzen sehen» – Teil eins. Ein Interview in einem Horror-Magazin hatte mich auf die Kurzgeschichtensammlung aufmerksam gemacht und ich verschlang die Lektüre in wenigen Tagen. Ich glaube, «Ich hab die Unschuld kotzen sehen» war das Buch, das ich 2007 am häufigsten verschenkt habe.

Teil zwei folgte. Noch besser, dachte ich und legte die Geschichten meinen lesenden Freunden und Bekannten ans Herz, die sie wiederum weiterempfahlen. Dann eine Lesung in Essen.

Viele Menschen lauschten und erfreuten sich an Dirks Ergüssen.

Endlich der erste Roman: «Satt: sauber: sicher». Konsequente Weiterentwicklung würde man als Musikkritiker schreiben, wäre das Werk eine CD. Eine zynische Beschreibung einer degenerierten ultrakapitalistischen Gesellschaft mit Sex, Gewalt und allem, was sonst noch Spaß macht.

Glücklicherweise hat sich Dirk diese apokalyptischen Szenarien nur in seinem kranken Hirn ausgedacht, die Sau!

Doch was gibt es Schöneres, als zu wissen, dass er sich ein neues Buch zusammengesponnen hat, in dem hoffentlich abermals die Grenzen des guten Geschmacks derer übertreten werden, die Storys über Tampon auslutschende Mädchen für die ultimative Provokation halten.

Und jetzt lesen und danach weitermachen!

Es fehlt mir gänzlich an freiwilliger Selbstkontrolle
Zum Geleit

Guten Tag,
ich hab soeben in die Google-Suchleiste eingegeben: «Dirk Bernemann bekommt Komplimente für seinen Penis.» Leider gab es null Treffer. Ist aber nicht schlimm, schreib ich halt ein Buch. So eins, das auch mal sagt, dass ich Menschen mag.

Ich bin in mich verreist, hab mich zurückgezogen und bin dann in eine Welt zurückgekehrt, die wie die vorherige ist ... Aber zumindest ist das eine Welt, in der ich zwar keine Komplimente für meinen Penis bekomme, jedoch immerhin welche für meine Worte.
Meine Worte.
Meine teilbaren Worte. Zerbrechlich und zerstörerisch zugleich.

Ich übe mich in Kontrolle und Selbstständigkeit und scheiter weiter. Ich kontrollier ja auch nichts, will ich nicht, weil Kontrolle dieses Ding ist, das man nie wirklich hat, und wenn man nicht grad mit 50 Ecstasytabletten in der Blutbahn rumrennt, auch nie wirklich verliert. Die Kontrolle zu haben ist zu anstrengend, sie zu verlieren aber auch, das kann zu unerwarteten Situationen führen.

Meine Literatur hält sich abseits von Kontrolle auf. Abseits von allen Zwangsmaßnahmen. Diese Worte flackern einfach so auf, wollen Öffentlichkeit und bekommen sie durch meine Hand, durch meinen Willen. Es ist mein kleiner Beitrag zum öffentlichen Kulturterrorismus.

Hier nun eine Sammlung neuer und alter Texte, die ultimative Collection, der Blick in die verstaubten Archive, die Analyse des Gesamtwerks, Griffe in Toiletten und Sternenhaufen.
Ein Buch über Kunst und Unkunst.
Texte in Bewegung und in Stagnation.
Ein Buch, das dabei auch irgendwie «Hose runter» geworden ist, also Intimitäten preisgibt, Blicke frei schnitzt, die es noch nicht gab, die mich in bekannten und unbekannten Posen und Denkmustern darstellen, öffentlich und privat.
Ein nackter Tatsachenbericht, aber auch die Fantasyutopie schlechthin.
Dieses Buch will alles für euch sein.

Ich wünsche diesen Texten ein richtiges Leben in der richtigen Welt. Ich wünsche ihnen Verständnis und Fairness im Universum der geistigen Überfütterung.
Und ich rufe damit auch ein lautes «Nö» in die Welt dieser jungen Mädchen, die immer ankommen und mich fragen, ob ich nicht aufhören könne damit, «Ich weiß» zu sagen, wenn sie mir gestehen, wie geil sie mich finden.

Außerdem brülle ich ein halbzärtliches und vollkommen ernstgemeintes «Komma klar» allen Literatur- und Kunstvergewaltigern entgegen, die so rumlaufen und meinen, dass der Sieg des Menschen über den Regenwurm irgendwas mit ihnen zu tun hätte.

Wie gesagt, es fehlt mir gänzlich an freiwilliger Selbstkontrolle. Auch dass der Mensch zivilisatorisch und evolutionsmäßig nicht dem Regenwurm ebenbürtig ist, wird dieses Buch beweisen.

Und jetzt will ich, dass jeder noch jemanden mitbringt, der jemanden kennt, der noch jemanden mitbringt, und dann sind wir wieder ganz viele und glauben an was.
Großes entsteht in unseren Hirnen nicht durch Literatur, sondern durch Benutzung selbiger. Es lebe meine Biografie.

Die Luft ist voller Versprechen, die ich alle einhalten werde!

Euer Egogangbanger,
Dirk Bernemann im Juli 2008

Was wir in Häuserschluchten suchen
Ist weder Kaffee noch Kuchen
Ist nicht der Wille zum Verschwinden
Wir suchen das, was wir auch finden

Dieser Text eignet sich nicht, um Befindlichkeiten zu erklären, er ist eine Befindlichkeit, und zwar die eines Menschen, der an einem lauten Tag seinen Gedanken nachhängt. Obwohl nachhängen auch nicht das sagt, was Gedanke und Mensch in Kombination hier vollziehen. Nein, der Mensch hackt das Geäst seiner Denkweisen mit der Analyseaxt klein und wundert sich über nichts mehr, außer Liebe. Yeah. So denke ich, so bin ich.

Neulichkeiten

Neulich in diesem Bett
Ich wache auf, weil die Sonne meint, es wäre Zeit. Ich wache auf, weil der Tag da ist. Da draußen, da hält er sich auf, der noch junge, schöne Tag. Ist mit allerlei zu füllen dieser Tag, mit Gedanken, Worten und Handlungen. Ich stehe auf und mache erst Pippi und dann Kaffee.

Neulich in diesem Leben
Ich verliebe mich in den Frühling und könnte jeden Menschen auf der Straße einfach so umarmen, weil es sich richtig anfühlen würde, das zu tun. Ich verliebe mich 17 Mal pro Sekunde. Ich sage «Guten Tag» und «Alles Gute» und meine es auch so. Ich habe Blumen im Haar. Ich bin ein viel zu später Hippie. Ich werde fast überfahren und mein Frohsinn endet an einer roten Ampel. Ich passe nicht hierher und ich passe auf und ich passe mich an und ich muss passen.

Neulich in der Apotheke
Apothekerin: Übergeben, kotzen. Nein, verstehen Sie, verstehen Sie nicht, throw over, ähm ...
Kundin: Yes, no, what's that for?
Apothekerin: Übergeben, was heißt das, verstehen Sie mich? Ü-ber-ge-ben.
Kundin: No.
Apothekerin: Wenn Sie sich übergeben müssen, vomitting. Sie wissen, was das bedeutet: vomitting? To puke?
Ich daraufhin: Ich hätte gern eine Familienpackung Aspirin ...

Neulich im Büro
Du kommst hier nicht raus! Angst, das war's. Angst, hier nicht mehr rauszukommen. So geht es jetzt ein paar Jahrzehnte weiter ... Arbeit, irgendeine Arbeit, die einen nichts angeht, Arbeitslosigkeit und noch mehr Arbeit. Freundliche Kollegen, ätzende Kollegen. Dann Krankheit, Unfall oder Tod. Angst vor dem Tod, überhaupt im Allgemeinen: Angst. Die Türen sind geschlossen, der Ventilator im PC singt leise eine traurige Melodie.

Neulich auf dem Punkkonzert
«Jede Faschoband hat bessere Texte als ihr», schreit ein betrunkener Realschulabsolvent mit bunten Haaren und «Gegen-Nazis»-Kapuzenpulli Richtung Bühne. Es gibt kaum etwas Konservativeres als alkoholisch entgleiste Punks.

Neulich im Fernsehen
Handmassage fängt bei 25 an, dann Französisch beidseitig, 50 mit Ausziehen, Küsse grundsätzlich nicht. Meine Lippen gehören mir. Männer sind so einfach gestrickt, viele kommen, um zu reden. Ich

frag sie manchmal: «Wann hast du deiner Frau das letzte Mal Blumen geschenkt?» Männer sind leicht zu manipulieren, viele wollen nur reden, die kommen immer wieder. Ich kenne diese Männer, immer kommen sie wieder und immer öfter reden sie nur.

Neulich auf Ecstasy
Gutes Gefühl, 20 Stunden oder so getanzt ... einfach nur so, weil es ging ...

Neulich auf dem Friedhof
Ein Grabstein, auf dem stand: «Ich habe doch gesagt, es geht mir schlecht ...»

Neulich auf der A43
Zwischen Recklinghausen und Marl. Blut. Er spricht leise. Blut. «... und sagen Sie meiner Frau, dass ich sie liebe. Bitte, sagen Sie es ihr! Sagen Sie ihr, sie soll nicht alleine bleiben ... und der Junge, der Junge soll mehr im Haus helfen, sagen Sie ihm das. Bitte! Bitte sagen Sie ihm das!!» Der Rettungssanitäter schließt dem blutüberströmten Mann mit dem Scheibenwischer in der Niere und der Leitplanke in der Lunge die Augen.

Neulich im Indiependent Club
Du kannst sie nicht mehr unterscheiden, sie sind alle identisch, vom Pullover bis zum Gesichtsausdruck. Musikgeschmack ist so was von Vergangenheit. Die überquellenden Aschenbecher erzählen Geschichten, die keiner mehr hören kann.

Neulich im Krankenhaus, auf der Intensivstation
piiiiiiiiiiiiiiiiiiep

Neulich im Straßencafé
Kaffee und Zigaretten und Blicke und Denken, immer nur Denken. Monströses Denken, Monstergedanken. Schau dir die Welt an, schließ die Augen und zähl bis zehn. Dann mach die Augen wieder auf und sag mir, was in diesem Bild im Vergleich zum letzten Bild nicht stimmt!

Neulich beim Rasieren
Benutzt Standardklingen. Vergesst den neumodischen Kram. Standardklingen, günstig und gut ... Wenn man weiß wie. Langsame, gleitende Bewegungen. Der Unterschied! Früher war Rasieren eine Kunst, das Rasiermesser eine Waffe. Heute kann sich sogar jeder Gelähmte selbstständig rasieren. Kindersicher, selbstmordsicher, wie alles retardiert, zum Spielzeug geworden.

Neulich auf der Straße
Drei Heroinkonsumentinnen, glücklicherweise schon high, nie Shakespeare gelesen, warum auch?

Neulich auf YouTube
Eine Stunde lang wiederholt den gleichen Clip geguckt. Sinead O'Connor: «Nothing compares to you» ... Trockene Mundhöhle, Wasser trinken, Libido unter null, danach eine Stunde Napalm Death-Clips geschaut, auch schön ...

Neulich im Buch
Und warum werden wir niemals in Frieden leben können? Weil ich zu laut Radio höre!

Neulich im Fernsehen
Acht Tiere mit drei Buchstaben, acht Tiere mit drei Buchstaben!!!!!!!!! Verdammte Scheiße!!!! Acht Tiere mit drei Buchstaben!!! Das ist doch nicht zu schwer!!!! Acht Tiere mit drei Buchstaben!!!! Acht Tiere mit drei Buchstaben!!! Kuh, Wal, Sau, Hai, alles genannt. Acht Tiere mit drei Buchstaben!!!

Neulich im Spiegel
Ich ist jemand anderes. Irgendjemand. Weit weg.

Neulich in diesem Bett
Ich wache auf und ich liebe dich!

Sweetness to go

Dialoge analysieren hat mir schon immer Spaß gemacht. Irgendwo stehen, der Unbeteiligte sein, gucken und hören, was anderen Leuten so aus ihren Gesichtern fällt.

Ich weiß noch, ich war zu der Zeit, als ich den nun folgenden Dialog hörte, schwerst verliebt, *übelst in Löve*, wie man in Kreisen verstörter Wortakrobaten aus Ostdeutschland sagt, und da hatte das eine ganz eigene Wirkung, die man vielleicht als unverliebter Mensch gar nicht nachvollziehen kann.

Es riecht nach Pizzaofen und Moderkäse. Die Szenerie einer typischen Straßenpizzabude, der freundliche Italiener kennt mich und weiß, dass ich meine Pizza ohne Käse esse.

Es ist die Pizzeria meines Vertrauens.

Und hier läuft nicht Eros Ramazotti oder Gianna Nanini, sondern Klassikradio.

Ein Glas sehr schwule Weißweinschorle vor mir. Weißweinschorle, muss man sich mal vorstellen. Ein guter Weißwein und ein gutes Mineralwasser können in Kombination eigentlich nie ein gutes Gesamtgetränk ergeben, aber das Wasser zaubert eine Sanftheit ins Glas, und die brauchte ich zur Spinatpizza, die Sanftheit.

Draußen regnet es, der Pizzamann, dessen Namen ich nicht kenne, tut beschäftigt, sortiert Gemüse und Getränke, schaut in den Regen und singt was auf Italienisch, ganz leise nur, was an und für sich klingt, als habe der Mann schon Gesangskenntnisse, nutze diese aber mit voller Absicht nicht.

Klassische Arrangements begleiten ihn aus billigen Kompaktanlagenlautsprechern.

Ein fremder Mann im langen Mantel und mit Grinsegesicht betritt regennass den Laden. Er schüttelt sich ein wenig, so wie es Hunde tun, die längere Zeit im Regen verbracht haben, und fährt sich mit der linken Hand durch die nassen Haare, um diese wieder in eine gewünschte Konstellation zu bringen. Sein nasses Haar pappt am Kopf wie Spaghetti.

Er wirkt trotz seiner absoluten Begossenheit, trotz der durchdringenden Nässe wie ein Typ, der Sonnenstrahlen scheißen kann. Er bringt einen leuchtenden Spirit mit, es scheint, als könne er wirklich Sonnenschein scheißen.

Vielleicht tut er das mal. Hier. Für mich.

Aus seinem Arsch lacht die Sonne, aus seinem Gesicht sowieso, er ist ein glücklicher Mann.

So was find ich meist verdächtig und denk mir, dass dieser Mann vielleicht mit Drogen oder so zu tun hat, also Ecstasy, und jetzt kommt der berühmte Fresskick und seine ganzen verpeilten Raverfreunde warten draußen.

Jetzt wird er sein Junkiemaul öffnen und «Fünfzig Salamipizzen!» brüllen, aber nein, er schaut auf das Angebot, das über dem Pizzaofen angenagelt ist, und sein Blick ist immer noch voller Freude und seine Augen tanzen förmlich über die Speisekarte.

Er tänzelt. Es sieht aus wie Lambada auf Koks.

Komische Aura, die der Mann mit sich herumträgt, kenn ich gar nicht, denk ich mir, und dann beginnt der Mann einen Bestelldialog und mein Pizzafreund antwortet ihm.

Kunde: Ich hätte gern die große Romantik zum Mitnehmen.

Pizzamann: Romantica, Sie meinen ...
Kunde: Ja, genau, die große Romantik, das wird für mich und meine Frau schon reichen ...
Pizzamann: Mache ferti, warte fuffzen Minutte, dann ferti ...
Kunde: Danke.

  Dialoge sind immer gut, wenn sie mit einem Danke aufhören, ist mir da eingefallen.

  Danke.

Leaving Hamburg-Altona
oder
I'm in hell and I'm alone!

Ich öffnete das Fenster und schrie über die Straße: «Die Liebe ist ein Held.»

Zimmer 308. Dritter Stock. Es war ein Hotel in Hamburg-Altona, und direkt vor diesem Hotel verlief eine vierspurige Straße, auf der von sechs Uhr morgens bis acht Uhr abends ständig Lkws fuhren.

Niemand konnte mich hören, doch das war mir egal. «Die Liebe ist ein Held», brüllte ich erneut, noch lauter als zuvor.

Ich hätte dort stehen können, mit einem Megafon bewaffnet oder einer Lautsprecheranlage auf der Fensterbank, niemand hätte mich wahrgenommen.

Die Lkw-Fahrer schon mal gar nicht, die fuhren einfach nur. Tiere, Essen, Bücher, Tupperdosen. All das fuhr vor mir auf der vierspurigen Straße, und da wurde mir noch kurz bewusst, welche Ironie der Aufkleber «Lebende Tiere» auf einem Lkw hat, der Richtung Schlachthof fährt.

Ich war seit vier Tagen in diesem Zimmer. Zimmer 308. 25 Euro mit Frühstück. Ein angenehmer Preis für ein unangenehmes Zimmer.

Frühstücken war ich nie, ich war nur ein Mal bei Plus, um eine Kiste Astra-Pils zu kaufen. Das Zimmer war klein und angenehm bedrückend. Da war ein Fernseher, ein Bett und mit der Kiste Astra-Pils hatte ich mir das Zimmer schön wohnlich gemacht.

Ich trank den ganzen Tag dieses elende Bier, schlief ein, machte den Fernseher an, wieder aus, wieder an und wieder aus und schlief wieder ein und trank Astra-Pils, worauf ich den Fernseher wieder anmachte, dann aus, dann wieder an, um dann einzuschlafen und bei folgenden Worten zu erwachen: «Das hab ich doch nur wegen Mark getan.»

Und eine rothaarige Richtern mit Namen Salesch sagte: «Wer ist denn jetzt Mark?» Die Frage wurde nicht beantwortet. Ich machte den Fernseher aus.

Ich öffnete mir ein Astra-Pils und dachte darüber nach, warum ich hier war. Es gab keine logische Erklärung dafür, dass ich an diesem Ort war. Aber Logik war noch nie mein Hobby.

Es ging um diese Frau, die Frau, die mir beigebracht hat, dass Liebe ein Held sein kann. Sie hatte mich nach äußerst intensiver Zeit verlassen, in einer tränendurchfluteten Nacht, und so trank ich das Astra-Pils in einem Zug aus, ging zwei Schritte Richtung Fenster und beschallte erneut die Straße mit meinen Ansichten: «Die Liebe ist ein Held.»

So vieles war jetzt egal, aber dieser Satz musste endlos erschallen über den Dächern des dunklen Hamburgs.

Ich wusste instinktiv, dass sie sich eine neue Frisur machen lassen würde. Wenn sie das tat, war alles endgültig vorbei.

Frauen machen das so. Wenn ein Lebensabschnitt vorbei ist, dann fallen auch die Haare.

Verwirrte wie ich fahren nach Hamburg-Altona, suchen sich ein billiges Hotel, reden mit niemandem außer der vierspurigen Straße und versuchen, sich mit billigem Astra-Pils die Realität zurechtzutrinken.

Ich sollte auch besser zum Friseur gehen – das hat sie mir auch immer geraten.

Am fünften Tag sah ich hinter der vierspurigen Straße einen kleinen Mann in einem gelben Regenmantel winken.

Ja Scheiße, er winkte mir zu, oder? Oder ist vielleicht sie es, die mir zuwinkt? Die Herzallerliebste hat mich aufgespürt, um mich aus meinem Elend im unangenehmen Hotel unter all dem Leergut zu befreien?

Der kleine Mann oder die kleine Frau – was auch immer – winkte mir zu vom anderen Ende der vierspurigen Straße. Ja, das Winken galt eindeutig mir, das konnte ich spüren. Ich zog meine Schuhe an und rannte vom dritten Stock aus die Treppen runter, war dann vor dem Hotel, die Fußgängerampel war grad grün, konnte ich die Straße gefahrlos überqueren und am anderen Ende stand: ein alter Mann, der eine Flasche Schnaps umklammert hielt.

«Was'n hier nur los?», fragte mich der Alte, und ich sah ihm in die Augen und sagte den einzigen Satz, der mir seit Tagen aus dem Gesicht fällt: «Die Liebe ist ein Held.»

Ich musste nicht mehr schreien, denn der alte Mann im gelben Regenmantel stand ja direkt vor mir. Und er hob seine Schnapsflasche in den Himmel, rülpste laut und sagte: «Ja, das stimmt.»

Wir umarmten uns und ich lud ihn ein, zu mir ins unansehnliche Zimmer zu kommen, zur Astra-Pils-Kiste. Er stimmte zu und folgte mir.

Dann saßen wir auf meinem Bett und der Alte stellte sich vor: «Du weißt, wer ich bin: Ich bin Gott.» Er setzte seine Schnapsflasche an die Lippen und Flasche und Mensch verschmolzen zur Einheit Alkoholiker.

«Ja, das weiß ich.» Fünf Tage Hamburg-Altona mit Astra-Pils-Konsum im unansehnlichen Einzelzimmer machten sich auch in meinen Hirnwindungen bemerkbar.

Dann schwiegen wir, und Gott und ich tranken einige Flaschen Bier, machten den Fernseher an, wieder aus, tranken noch mehr Bier, machten den Fernseher an, wieder aus und nochmal an, und dann schlief ich auf dem Fußboden ein.

Ich musste ein wenig weniger an sie denken, und dann wachte ich auf und musste an sie denken, Gott lag auf meinem Bett und der Fernseher sagte: «Also haben Sie die Nachricht empfangen!»

Schon wieder ein Richter, und ein Angeklagter sagte darauf: «Nein, ich habe die Nachricht nicht empfangen.»

Der Richter erwiderte: «Wer soll sie denn sonst empfangen haben, der liebe Gott etwa?» Ich machte den Fernseher aus und stand auf, das Fenster war geschlossen und der Verkehr wie eh und je laut und unnachgiebig. Dann rüttelte ich an Gottes Schulter, um ihn zu wecken. Keine Regung. Ich rüttelte ihn etwas heftiger, wollte, dass er erwachte. Nichts.

Gott war gestorben. Einfach so.

In meinem Hotelzimmer, Zimmer 308, in Hamburg-Altona im Angesicht einer vierspurigen Straße. Ich öffnete das Fenster, der tote Gott stank, das ganze Zimmer stank, draußen der Verkehr stank wie das Leben, das mir übrigblieb.

«Die Liebe ist ein Held», sagte ich leise, schloss das Fenster wieder, sah Gottes Leiche, machte den Fernseher an und der verkündete: «7000 Euro sind im Jackpot. Hier die Frage: Wo steht die Villa von Dieter Bohlen, Tötensen oder Bottrop?»

Von fern hörte ich Rettungswagensirenen und hoffte, dass sie wegen niemandem unterwegs waren, den ich kenne.

Es war Zeit abzureisen ...

Something about Bernemann

(C)opyright by Manu Schäfer

Für und über mich – muss auch mal sein

Wo sind die Adjektive, die mich beschreiben, die mich endlich eindeutig machen? Wer war, bin, werde ich? Bin ich eigentlich auch der, der dann durch etwaige Adjektive beschreibbar ist? Sind Abweichungen immer noch möglich? Bin ich dann noch möglich als Individuum? Eine einfache, stets geltende literarische Formel ist die folgende:

Ich bin der Sohn meiner Mutter
Und die Liebe ist mein Futter.

Und dann fragt ihr euch noch, wo ihr mich hinstecken sollt, wenn ich schon nicht in euren Darmausgang reinpasse. Ich hab es ja probiert. Der Kopf hat gepasst, der ganze Schädel war fein im Rektum integriert, und dann hattet ihr Schmerzen und Darmblutungen meinetwegen, also hab ich mich zurückgezogen und drei Tage in lokal begrenzten Regengebieten unter meiner Dusche gewohnt.

Also im Arsch, da war ich schon. Es hat nicht gepasst mit uns, wir konnten nicht zueinanderfinden, waren nicht kompatibel, deswegen hab ich Schluss gemacht, Schluss mit den Mitmenschen.

Ich hab einfach das Leben verlassen, das ich kannte. Hab zum Leben gesagt: «Ey Alte, bin mal kurz runter, Zigaretten holen. Könnt was dauern, bis ich zurück bin.» Das Leben hat mich nicht angeschaut, es wusste ohnehin Bescheid.

Als die Tür ins Schloss fiel und dem Leben klar war, dass ich nicht zurückkehre, brach es zusammen, das kleine Leben.

Da ich nunmehr schon ein kleines Leben gehabt habe, suchte ich mir nun ein größeres. Das, das ich verlassen hatte, war mir zu eng, es war der zu heiß gewaschene Wollpulli, die erektionspreisgebende Badehose, die Einbahnstraße mit Gegenverkehr. Das wollte ich wegstecken, das alte Leben, und ein anderes mit dahinstecken, wo es brauchbar ist.

Hinstecken. Ja, wohin stecken den Bernemann?
Den, der laut eigener Aussage weder schubladisierbar noch schubladesk ist. Der, der von sich sagt, dass Literatur, also erstmal seine Literatur, eine Art Angriffskrieg ist.
Er ist der, der laut und öffentlich sagt: «Ich habe keine Ideen, ich habe nur ein Leben. Ich habe keine Worte, ich habe nur meinen Herzschlag. Das ist keine Kreativität, das ist nur Notwehr. Das ist keine Kunst, das ist Poesie und Kampfsport. Das ist kein Poetry Slam, das ist nur ein Mund, der die Befehle eines zuckenden Herzens weiterleitet. Leidenschaft. Jaaaa!!! Ich mache das, weil manchmal weniger als nichts passiert.»
Wie geht man mit so was um? Kann man damit leben? Ist das nicht viel zu gefährlich, immer auf dem Todesstreifen zu tanzen?

Dann steckt ihn doch in die Bücherregale oder in euer Herz. Analysen sind auch hier zwecklos.
Was bleibt, ist der Versuch, einen Schluck Wasser in den Händen von Simbabwe nach Ghana zu tragen.

Die ganz schlauen Empathieträger kommen ja auch schon mal an und sprechen mir Folgendes auf die mentale Mailbox: «Man muss es auf sich zukommen lassen, die Fähigkeit entwickeln, das, was er tut, zuzulassen, und es fühlen, ganz einfach spüren, nichts einfordern, alles geschehen lassen.»
Sag ich zu: «Hippiescheiße!»

Ja, Riesenproblem das. Alle, die meine Texte kennen, denken erstmal, ich sei dieser Depressive, der manisch fingernägelkauende und ewig beunruhigte Alptraumtänzer, der Weitdraußenstehende, der so far out of space zu sein scheint, dass er nur an Weltraumbahnhöfen verweltreist.

Traumatisch wird es für diese Menschen tatsächlich, wenn ich in meiner charmanten und flauschigen Mineralwasserart daherzukommen gedenke und Dinge sage, die sich wie «Bitte» oder «Danke» anhören, statt Militäruniformen alte Siebzigerjahreanzüge trage und statt der Aufschrift «Psychopath» nichts auf mir steht, was mich in irgendeine Anstalt bringen könnte.

«Ich bin die Kopfkrieg-Youth. Ich bin ein Modeschmuckgeschäft, in dem es lediglich Assoziationsketten gibt.» So brülle ich es die Alleen entlang, auf denen die Holzfäller bereits ihre Kettensägen anwerfen.

Ich habe aber weder ein Kinski- noch ein Glücksbärchi-Syndrom; ich bin einfach nur da und steh rum, steh im Weg wie Cottbus oder Urs Meier. Und da steh ich dann und zeige, was man so kennt von mir. Herausgerissene Herzen. Destruktive Theaterstücke ohne Bühne und Darsteller. Spiegelungen an durchsichtigen Wänden.

Und dann werden wieder Schubladen gefordert. «Schublade, Schublade», brüllen sie auf den Straßen, machen Fackelzüge durch Innenstädte, kloppen auf Trommeln und brüllen «Schublade, Schublade.»

Zumachbare, geschlossene, solche, in die man bequem Kinderhände quetschen kann, wenn sie nach karieserzeugendem Süßkram langen, die dicken, bereits im Kindergartenalter verbitterten Biester. Menschen halten ja so gerne fest an dieser Schubladenromantik, denken immer «was draufsteht, ist drin» und so.

Auch wenn auf der Lade ein Aufkleber mit der Aufschrift «Subkultureller Individualist» klebt, dann kann ein Typ drin sein, der so sehr auf Archivierung steht, dass er selbst zu einer geworden ist. Aua.

Und in der Lade mit der «bequemen Kleidung», da ist ja auch meistens die Zwangsjacke drin.

Ich plädiere hier nochmal für das undramatische Verbrennen von Schubladen. Die Dinger stören Abläufe, das Auf- und Zumachen ist Zeitverlust.

Nicht schubladisierbar, nicht schubladesk, kein Stempel auf meiner chilligen Flauschigkeit, keine Demut in meiner Charmanz, nichts von alledem, sondern nur der Blick ist wichtig und die Auseinandersetzung.

Also, ich befinde mich bereits im Kriegszustand.

Und zwei Selbstverständlichkeiten:

Ich bin der Sohn meiner Mutter
Und die Liebe ist mein Futter.

Ich danke mir.

Wir sind Weltmeisterin!!!

Es geht um die Nacht vom 30.09. auf den 01.10.2007. Eigentlich passierte nichts, aber dann doch auch eine ganze Menge. Die Hindernisse des Lebens und deren Überwindbarkeit.

Textzeile des Tages:

... che guevara in a laptop
loves to parade himself
spiderman has blue eyes
shame on him
it's night before 12
and counting
nights change our life
...
drinking and belonging to the sea
...
looking at the stars ...

Phillip Boa and the Voodooclub – Drinking and belonging to the sea

Es war der Tag der Entstoiberisierung Bayerns. Ja, der Mann gibt auf, vielmehr er wird zwangsberentet oder so. Ich frage mich, ob es nicht eine der größten Strafen ist, ein sogenanntes Ehrenmitglied der CSU zu sein.

Lebenslänglich. Das sieht der bestimmt ganz anders.

Der Beckstein, ja der Beckstein, der wird uns retten. Midlife-Crisis geplagten Leuten wird von Psychologen ja auch immer geraten, der CSU beizutreten. «Sie fühlen sich alt? Hier diese Partei wäre was für Sie, da sind Sie einer der Jüngsten. Ne, für Politik müssen Sie sich da nicht interessieren, das wird alles geregelt. Ja, genau, so eine Art Stammtisch.»

Ich finde mich wieder auf einer Party. Einige Freunde sind auch da. Die meisten Menschen hier sind im Durchschnitt sieben Jahre jünger als ich und hören Musik, die ich nicht verstehe.

Also akustisch schon, weil sie Lautstärkefanatiker sind, sogenannte Volumenprolls. Sehr, sehr laut. Einige nennen es Punkrock. Ich weiß nicht, was ich zu diesem Scheißdreck sagen soll.

Sehr, sehr laut, sagen meine Ohren. Und auch er und sie und auch die anderen beiden müssen mich anschreien und wir nennen das Kommunikation.

Wir trinken Wodka, der rot eingefärbt ist wegen irgendeiner Fruchtsubstanz, die irgendwer da reingemacht hat. Ja, Wodka. Roter Wodka. Dazu Bier aus unhandlichen Flaschen.

Ich rede mit Menschen über Seelenhunger, Politik, Liebe und Technik. Ich habe von keinem der Themenbereiche irgendeine Ahnung. Hat aber keiner, schwant mir, und dann passt das wieder. Ich rede wilde Floskeln durch den Raum, und dieser rote Wodka macht Laune, Tanzbeine bewegen sich, verdrehen sich, ein Mädchen lächelt mich an, ich trinke Wodka, sie lächelt weiter. Es dauert fünf Minuten, bis sie versteht, dass ich nicht wegen ihr hier bin.

Ich trinke. Ich lächle.

Drei Stunden zuvor saßen wir im Wohnzimmer seiner Eltern. Er ist dieser Musikerfreund, bei dem man sich gut fühlen kann. Gitarre und Bierflaschen leermachen, so haben wir uns schätzen gelernt. Rustikal sowohl Freundschaft als auch Wohnzimmer. Hier kann man sich ihn als Kind vorstellen, wie er seiner Mutter beim Abtrocknen half oder die große Rasenfläche draußen mähte.

Sie war da, er war da, ich war da. Sie ist so eine Art Indiependentsexgöttin. Sie hielt sich zurück, wenn wir redeten, und kicherte, wenn wir lustig und dumm und laut waren. Sie ist irgendwie die seine, irgendwie auch nicht. Eine komplizierte Beziehung zweier Menschen, die beide meine Freunde sind, aber die in diesem Punkt nie mit der Vollheit ihrer Gefühle an die Öffentlichkeit oder an mich traten.
Schade.

Wir rauchten und tranken Flaschenbier und sahen einen Film mit Hansi Hinterseer. Der Film gefiel. Es wurde laut gelacht und Hansi gab alles: Blicke, Föhnfrisur, Sprachbehinderung. Alles stimmte an diesem Mann in diesen Momenten.
Und als er sagte: «Für Träume ist es nie zu spät», dachte ich, ja, stimmt. Und Hansi sang und Hansi sprach die Wahrheit und Hansi trauerte und Hansi liebte.
Ja, der Hansi, eine zerbrechliche Gestalt im Arschlochkostüm. Ja und der Brunner? Der Brunner hat auf dem Feuerwehrfest ein Kind gezeugt und seine Ehefrau, die er damit beschissen hat, bescheinigt ihm einen «einwandfreien Charakter».
Jesus, dachte ich, schwing den Hammer der Gerechtigkeit.

Dann gingen wir zu diesem Fest und klingelten zuvor beim Schalkehooligan. Das ist so ein Mann, der wohnt bei uns im Ort, der kennt nur «blau-weiß» und/oder «auf's Maul». Wir wollten in unserem Zustand nur mal sehen, ob der Mann zu Hause ist, um uns vielleicht von dem Kloppe androhen zu lassen. Gefahr ist manchmal echt lustig, siehe Hansi Hinterseer.

Der Hool war aber nicht da oder wieder besoffen oder aber beides. Egal. Gut, dass er nicht runterkam, um uns zu verprügeln, dachte ich letztendlich.

Wir tranken weiter. Liefen einige Schritte, dann wurde es: LAUT!!! und SCHLIMM!!! Eben bereits erwähntes Partygetümmel tat sich direkt vor unseren Augen auf und wir stolperten in die Menge.

Eine Menge bestehend aus ungefähr fünfzig stark alkoholisierten Individuen, die sich alle in einen schmerzvollen Sonntagmorgen saufen wollten. Scherben, Getränkereste, mit Bier gefüllte Chipstüten und darin, darüber, daneben Menschen, die unbändige Lust auf die Extase des Augenblicks hatten.

So geht Party irgendwie, zumindest ging sie so, als ich 15 war.

Der Raum war nicht dekoriert. Alles lag überall. Getanzt wurde überall, aber tanzen war das nicht wirklich, sondern eher der Versuch, beim Stehen keine Angst vor dem Fallen zu haben.

Es handelte sich hierbei, also bei diesen Räumlichkeiten, um so einen Proberaum diverser Punk- und Metalkapellen aus dem ländlichen Umkreis meiner Heimatstadt. Raum und Menschen waren komplett voll.

Menschen mit langen Haaren und ohne Kenntnisse von Haarkuren schüttelten ihre splissgeplagten Frisetten im Takt von viel zu schnell gespielten Schlagzeugen. Einige hatten Probleme mit Schuppen (Pogo).

Einige Mädchen redeten komisches Mädchenbefindlichkeitszeugs, das tun sie gerne, diese Mädchen. Sie sind alle um die 22 und wissen nicht, warum sie sind, wie sie sind. Auch nicht wer. Aber sie fragen sich auch nicht, warum sie sind, wie oder wer sie sind. Ihnen ist egal, warum sie so sind, wie oder wer sie sind. Und sie sehen alle aus wie eine Mischung aus Daisy Duck und Dita von Teese.

Sie sind, wie sie sind, weibliche Kinder unserer Zeit, und sie redeten, rauchten, tranken und das Leben meinte es zu einigen Gesichtern sehr gut. Die waren alle so in dem Alter, in dem ihnen noch nicht die Kindlichkeit weggebrochen ist, sie aber schon mit allen Reizen der Weiblichkeit ausgestattet hormongeplagte Jungmänner lebenskonzeptionell stark verstören können.

Schön, das zu beobachten, schön, da nicht mehr mitmachen zu müssen.

Dann sagte er noch, mein Gitarren- und Trinkfreund, kurz nachdem ich mir eine Zigarette angezündet hatte, dass ich dabei aussähe wie Helmut Schmidt 1979.

Wir standen an der Bar, rauchten hektisch und lieblos. Und ich habe gelacht und mich gefragt, wie alt ich eigentlich mittlerweile aussehe, und dann haben wir unsere Geheimratsecken angesehen. Ja, wir standen an dieser Bar und beobachteten verschwindende Haaransätze, und mich hat das nicht geschockt.

Ich begrüße die Natur, und wenn sie mich faltig und kaputt macht, soll sie doch, ich bin Teil dieses Kreises, und nein, ich bin kein Buddhist, aber realistisch genug, nicht traurig zu werden, wenn die Zeit knabbert. Die Philosophie von Menschen um die dreißig und das Thema Geheimratseckenbetrachtung. Ich seine und er meine, und da haben wir gemerkt, dass die Zähne der Zeit an uns nagen, und zwar mit gewissenhafter Heftigkeit.

Wir tranken weiter.

Zwischendurch auch Sekt und so einen Schnaps, dessen Namen ich nicht aussprechen kann, weil ich kein Japanisch kann außer Sushi.

Irgendwann an diesem Abend, der sich schon zur nach dem Morgen gierenden Nacht entwickelte, ging er dann nach Hause und in seinem Arm diese Frau, die Indiependentsexgöttin, die vorhin noch mit uns stupide Filme angesehen hatte.
Meine Freunde verabschiedeten sich nach und nach, aber meine Freude blieb an diesem Abend bestehen. Diese gesunde Mischung aus Langeweile, Bier, schlechter Musik und Dialogfetzen.
Sehr schön, dachte ich, und auch andere gingen nach Hause und ich hab noch mit wem über Musik gesprochen und er hat behauptet, er sei so eine Art Produzent, und wir sprachen überwiegend über gitarrenlastige Indiemusik und die Gefühle, die diese in einem hervorrufen kann.
Wie die Tasten eines Klaviers von zärtlichen Pianistinnenhänden gestreichelt werden, so wohl klangen seine besoffenen Worte in dieser Nacht, und es wurde später und ich musste noch zwei Orte weiter, um ein Bett zu erreichen, in dem ich übernachten wollte.

Ich war voll wie ein Bus in der Rushhour und stieg in ein Taxi. Das stand da einfach so, und ich ließ mich auf den Beifahrersitz fallen und gab mein Ziel an, nicht die Heimat, nicht das Bett, nein das Tanzding, Sie wissen schon, Fabrik, ja genau Fabrik.
Das Taxi setzte sich geschwind in Bewegung. Zunächst war der Fahrer sehr still, ich ein wenig außer Atem und die Blicke des Fahrers, die mich trafen, enthielten auch die Angst, ich würde ihm sein Taxi vollkotzen.

Das Ding fuhr sehr schnell und der Fahrer war alt und sah im Halbdunkel, das in der Fahrgastzelle herrschte, wie Helmut Schmidt aus, Helmut Schmidt 2007. Er hörte Lokalradio.

Irgendwann, als er wohl bemerkte, dass ich meinen Mageninhalt behalten würde, fing er an zu erzählen, diese typischen Anekdoten, die Taxifahrer immer so erzählen. Er betätigte sich zunächst als Sozialkritiker, feindete Hartz IV, Asylpolitik und Bildungspolitik an und sprach über sein Dasein als Taxifahrer und über Gäste, die in sein Taxi geschissen haben.

Ich lachte mit ihm, auch ein bisschen über ihn, zahlte dreißig Euro und bewegte meinen Arsch. Wir waren mittlerweile auf einem Parkplatz eines münsterländischen Clubs gelandet. Da kann man noch tanzen und Bier trinken, auch um drei Uhr morgens, und ich bewegte meinen Arsch.

Erst zärtlich, dann Attacke.

Um diese Zeit lösen sich diese Partys hier schon immer auf, die Einsamen und die Vielzubesoffenen sind noch da, und ich gehörte beiden Randgruppen an. Irgendeiner, dessen Gesicht mir total bekannt vorkam, aber dessen Namen ich niemals behalten werde, weil er Frank oder Jürgen heißt, war auch da und hat mich erstmal zugetextet.

Wer das Lied von den Goldenen Zitronen «0 Uhr 30, gleiches Ambiente» kennt, weiß auch über Inhalt und Tragweite dieses Gesprächs Bescheid. Bohemian Fucktalk. Aber kühles Hemd.

Dann traf ich noch dieses Mädchen, mit dem ich mal unabsichtlich geknutscht hatte, und die hat gesagt, dass sie jetzt hier wohnt und ob wir nicht mal Kaffee trinken wollten. Ich hab ihr gesagt, dass ich sie schon immer scheiße fand, aber Kaffee trinken wäre in Ordnung. Wir verabredeten uns nicht, ich log aber, dass ich ihre Nummer hätte und sie demnächst anrufen würde.

Die Musik war eine Mischung aus alternativem Crossovergekünstle der Neunzigerjahre (Faith no more, Rage against the machine ...), Siebziger Jahre Unverständlichkeitsmusik (Led Zeppelin, The Doors, weiterer Hippiekram ...), aktuellem Metalcore (aaaarrrrrrrhhhhhhhh, lalalala, araaaagrhhhhrrrgggghhhh .... lalalala ....) und sogar Einschüben der Hamburger Schule (Sterne, Toco ...).
Bewegung, ich Tanzschwein. Ich ging tanzen. Es ging mich tanzen, es – Atmosphäre, ein unsichtbarer Wille, der nicht meiner war – schob mich zwischen all die anderen Betrunkenen und ließ mich abgehen.
«Sabotage» von den Beastie Boys. «Passenger» von Iggy Pop. «The End» von den Doors. Das sind so typische Lieder für einen solchen Abend. Am Plattenteller ein tauber DJ, dem man, wenn man ihn kennt, gerne Musikwünsche nennen kann, aber er muss dann immer mindestens fünf Mal nachfragen und spielt dann doch was anderes. Am besten sind kleine gelbe Post-it-Zettel, die man ihm direkt auf den rotierenden Plattenteller pappt, wenn er mal wieder dabei ist, einen Tanzabend metalcoremäßig genüsslich an die Wand zu deejayen. Das kann der ganz gut, der taube DJ, und er hört ja auch nicht zu, wenn sich die Nicht-Metal-Menschen dazu äußern, welchen Scheiß er verzapft.

Ich sang, ich trank, ich unterhielt mich über Unterschiede innerhalb der Unterschicht und was es bedeutet, nicht schreiben zu können, während man mit den Augen nicht das sieht, was man mit dem Herzen begehrt.

Irgendjemand nickte, hatte aber einen Scheiß verstanden. Irgendjemand nickt ja immer, als Zeichen der Anerkennung oder als Symbolik der Tatsache, dass man zwar zu besoffen zum Artikulieren, nicht aber zum Zuhören ist.

Irgendjemand hatte also einen Scheiß verstanden. Ich hab ja auch nur einen Scheiß erzählt, wie hätte irgendjemand da Gelegenheit haben sollen, etwas anderes als einen Scheiß zu verstehen.

Sechs Uhr morgens.
Ein Taxi, das Taxi zurück, dieses Mal hatte ich immense Lust, da einfach reinzukotzen. Wir fuhren langsam ab vom Ort des Geschehens. Da saßen noch drei Mädchen mit drin, alle total laut und betrunken. Ich auch.

Total laut und betrunken. Meine Lautstärke nervte mich, aber ich hätte ansonsten nicht mit den Schnapsmädchen kommunizieren können. Irgendwann hält das Taxi an, die Mädchen bleiben sitzen, auch nach mehrmaligem Nachfragen will keine noch einen Spaziergang machen. Letztendlich gut, wie soll man bei dem gestörten Gelaber entspannt spazieren gehen können. Dann bin ich zu Hause und froh, allein zu sein.

Das Licht geht an, das Licht geht aus, draußen wird die Frequenz der Fahrzeuge leicht angehoben, Kinder schreien, von fern angedeutete Technobässe, die durch die Atmosphäre in mein Zimmer gleiten.

Als ich am nächsten Nachmittag aus dem Bett kroch, hatte mein Kopf kein Mehrfachformat, sondern er war lediglich langsam. Slowhead. Ich hatte mir ein Zeitlupengehirn angetrunken. Ich schleppte mich in die Küche, wo ich begann, mir Kaffee und

Nudeln zu machen, im Nebenzimmer machte ich wie selbstverständlich dumm den Fernseher an, und aus dem TV-Möbel wuchs die Wahrheit ins deutsche Wohnzimmer: Wir waren Weltmeisterin.
Jubelnde Fußballfrauen auf dem Fernsehbildschirm als viertelminütige Tagesschausequenz. Aber weil mein Gehirn ein Zeitlupengehirn war, dauerte der Feierwahn der bundesdeutschen Nationalmannschaftin eine gefühlte Minute. Da standen sie, irgendwo in Asien und umarmten sich und die Welt, diese krummbeinigen Frauen freuten sich die Östrogene strubbelig und die Kameras hielten voll drauf.

Ich erwartete, dass jetzt auch hier vor meiner Tür ein nationales Feierchaos losbräche so wie 2006, als die Herrenmannschaft des Deutschen Fußballbundes nicht Weltmeister, nicht mal Finalteilnehmer, sondern nur Veranstalter der Herzen wurde oder so. Und sich alle beim Public Viewing die Vollkante gaben.
Aber: nichts.
Der Blick nach draußen gibt das gleiche Grau wieder, das sich da jeden Tag aufhält.

Kein Autokorso, keine Fahnen, keine besoffenen Fahnenschwenker.
Draußen hupte niemand.
Niemand schrie: Deutschland!!!
Oder Deutschländin, du bist die Schönste.
Schade für die Weltmeisterinnen.
Alles still da draußen und auch hier drinnen ...

Okaye Leute? Nie gehört. Was soll das sein? Leute, die alles gut finden? Leute, die kein Kritikvermögen besitzen? Was sind das für Leute? Dazu kann ich nur sagen, dass ich das nicht weiß, weil das schon mal keine Bekannten, Freunde oder sonst was in meiner Umgebung sind. Aber sie sitzen mir gegenüber in Cafés und in der Straßenbahn, sie tanzen neben mir in der Indiedisco, sie bestellen im Restaurant, was ich bestelle, und sie kommen sogar auf meine Lesungen. Denen ist dieser Text gewidmet. Take care.

Die okayen Leute sehnen sich nach neuen Menschen

Früh morgens trinkt Beate alleine in der Küche Kaffee. Beate ist was Soziales, muss früh raus; ihr Freund ist was Asoziales, Arbeitsloser nämlich, muss nicht raus. Bleibt liegen. Beate trinkt Kaffee.

Der Kühlschrank ist aber trotz aller Halbarmut gefüllt mit allerlei Nahrung. Niemand ist dort einsam, es gibt da eine friedliche Koexistenz verschiedener Nahrungsmittelfamilien.
Die Wurst ist nicht allein, sie liegt ganz oben beim Schinken, der in direkter Nachbarschaft des mittelalten Goudas herumexistiert.
Ein Geschoss tiefer wohnen Halbfettmargarine, ein Frischkäsepärchen und ein stinkender Leberwurstsingle, der aber allgemein akzeptiert wird. Der Typ ist echt übel drauf.

Im Untergeschoss wohnt noch eine Gemüse-WG, bestehend aus einer Tomatenfamilie, einem Gurkenpaar und zwei Auberginen. Es gibt auch noch nette Getränkenachbarn, die am Rand der Tür wohnen: Frau O-Saft, Herr A-Saft und diese coole Amerikanerin, Coke light.

Beates Job ist es, kleine Wesen lieb zu machen, lieb zu erhalten trotz medialer, elterlicher und sonstiger schlechter Einflüsse.
Im Kindergarten. Beate ist Erzieherin. Das ist schwere Arbeit. Beate trinkt Kaffee.
Erst neulich kam der kleine Paul zu ihr, der ist drei Jahre alt und seine Eltern sind Baustelle und Hausfrau. Der Paul ist das, was man im pädagogischen Fachjargon «verhaltensauffällig» nennt. Paul ist verbal aggressiv und tituliert die anderen Kinder, wie auch das Kindergartenpersonal, mit Worten wie «Nudde», «Kackkopp» oder «Kotzbrang», wobei man bei Letzterem noch nicht hinter die Bedeutung gekommen ist. Paul kam also zu Beate und sagte: «Du Nudde, meine Mama hat mich geschlagn.»
Daraufhin wollte die damals noch sozial engagierte Beate ein Elterngespräch einberufen, das auch zustande kam, Beate aber auch mit dem Schrecken und der Plattheit der Realität konfrontierte.
Das Gespräch war recht kurz. Man stellte sich vor, Pauls Mutter roch etwas unangenehm nach Armut und Paul war wie immer sehr nervös und verhaltensauffällig. «Kotzbrang», brüllte er durchs Büro, und seine Mutter lächelte milde und widerstandslos.
Beate konfrontierte dann Pauls Mutter mit dessen Aussage, sie schlüge ihn, worauf diese nur antwortete: «Wieso? Das Kind hat doch angefangen?» Mit dieser Kleingeistigkeit konnte Bea-

te nicht umgehen. Das waren Gesetze, die sie nicht kannte, aber schluckte, weil sie nach Gewalt rochen. In diese Richtung wollte Beate nicht mitgehen, und das war der Punkt, an dem sie aufhörte, sozial engagiert zu sein, um forthin nur noch als Pädagogikmaschine zu funktionieren.

Eigentlich ist mein Job doof, denkt sich Beate und stellt sich ein Leben mit zwei eigenen Kindern vor, die Max und Sophie heißen sollen. Die sollen auch hier am Tisch sitzen und lustige Sachen sagen, wenn ich mich langweile, und danach gucken wir zusammen Peter Lustig, denkt sich Beate.

Im Bauwagen wohnen, Latzhose tragen, die Welt erklären. Und das klingt komisch, ist aber so.

Max und Sophie hätten mehr drauf als Zahnbelag und wären so spontan wie ein Fahrplan der Deutschen Bahn. Sie könnten sehr früh sehr viel sehr gut und hätten niemals den Berufswunsch Busfahrer, sondern immer nur Präsident, Geldzähler oder Präsident.

Sie wären keine armen Irren und keine irren Armen, erst recht keine Irren ohne Arme. Nein, sie wären gesund und munter, obligatorisch ihr Glitzern in den Augen und die roten Wangen, ganzjährig, nicht nur zur Weihnachtszeit.

Max und Sophie hätten niemals so doofe Krankheiten wie Doppelamputation, therapieresistente Epilepsie, Glasknochen, Morbus Parkinson, Osteoporose und rheumatische Arthritis und auch natürlich keine Mukoviszidose und erst recht keine eingewachsenen Zehennägel.

Max und Sophie würden auch wegen ihrer gut geformten Erziehung niemals so Sätze sagen wie: «Ich will keine Demonstranten sehen, solange sie nicht brennen.» Nein, das läge ihnen fern, sich derart politisch radikal zu äußern.

Sie sind vernünftige Kinder der Mitte und an Mehrheiten interessiert.

Max und Sophie sollen mit Brotaufstrichen rumschmieren, nicht zu doll natürlich, in geregeltem Pegel nicht allzu laut schreien, und sie würden in ihrem Leben von ihrer intelligenten und lebenserfahrenen Mutter jeden Tag was dazulernen.

Sie wären tolle Schüler, einfach so, wären sozial engagiert, bereits im Kindergarten, und würden sich um Kinder sorgen, die vor Hunger nicht imstande sind, aufzustehen. Dann würden sie tolle Abiturnoten haben und Jura sowie irgendwas mit Universum studieren und Nobelpreise kriegen, ihrer Mutter ewig dankbar sein, Bücher schreiben, diese ihrer Mutter widmen und nicht aufhören, dankbar zu sein. Vielleicht Kunst machen. Dankbarkeit in Blumen und Umarmungen und Nobelpreisen ausdrücken.

Die Kinder würden wirklich Nobelpreise mit nach Hause bringen, Physik und Literatur wohlgemerkt, und die dann mit einer Schachtel Merci einfach so bei Beate auf der Fensterbank stehen lassen.

Beate würde bei jedem Nobelpreisabstauben daran denken, was für lustige Fragen die beiden Kinder am Anfang ihrer Gehirnentwicklung stellten: Mama? – Ja. – Mama, ist ein Mähdrescher wirklich jemand, der Schafe verprügelt?

Oder: Mama? – Ja. – Ist ein Nutznießer wirklich jemand, der seine nasalen Schleimabsonderungen zu etwas benutzt? Und wenn ja, wofür? Nahrung oder Bausubstanz?

Das Leben als Mutter würde jeden Tag JA, ICH BIN ES! brüllen, und Beate würde jeden Tag zurückbrüllen JA, DU BIST ES! und das würde es dann sein, denkt sich Beate und trinkt Kaffee.

Und man würde sich umarmen wie in amerikanischen Familienserien: Ich weiß Mum, es war ein Fehler, den Hund zu treten.

Abspannmusik.

Schön.

Sich in Kindern zu verewigen. Einen dicken Bauch haben, wo die Kinder erst mal drin sind, mit rotem Lippenstift auf den Bauch schreiben: Made with love.

Die eigene Genetik dahin platzieren, wo sie jung blühen kann, das ist Beates Traum. Ein Traum, der nach Erfüllung giert. Gerade jetzt im Frühling wäre es doch wundervoll, mit einem Kinderwagen durch Parkanlagen zu schieben. Leute grüßen, die statt Kindern Hunde oder Mountainbikes haben.

So eine Geburt aber, das hat sie von ihrer etwas älteren Schwester Hildegard gehört, die sei brutal, sei ein bisschen wie Krieg. Mit vielen Schmerzen und so. Man könnte Haut reißen hören während so einer Geburt. Manche kacken sich voll. Und es sieht immer ein wenig aus wie im Metzgereifachgeschäft nach so einer Geburt, heute im Angebot: 500 g Fötusgulasch für 2,89 Euro.

Die Hildegard ist irgendwie bekloppt, aber sie liebt ihr Kind, das Anna heißt, der Vater dieses Kindes heißt Uwe. Uwe ist Busfahrer, was ja erst mal nicht schlimm ist, hätte er nicht diesen typischen Busfahrerkörper. Kleiner Kopf, riesiger Rumpf, dicker Bauch (mit obligatorischer Rille drin, durch die das Buslenkrad immer gleitet), Plattarsch (weil nur Sitzen) und Beine wie kleine Äste (weil nur fahren, nie laufen).

Busfahrer sind die hässlichsten Geschöpfe dieser Erde. Neben Müttern, die ihre Kinder schlagen, aber die haben nur diese innere Hässlichkeit, die man aber bei jeder Bewegung registrieren kann, wenn man mal genau hinguckt.

Beate wartet und trinkt Kaffee.

Wurmkonflikt

«Geh mir aus dem Weg!»
Der Regenwurm reagiert nicht. Er liegt regungslos auf dem Gehweg und flötet ein Lied von Marilyn Manson.
«Scheiß Wurm, jetzt mach Platz!» Ich versuche, ihn mit meinen Worten zu beeindrucken, doch die Coolness des Wurms ist total immun gegen meine dünne Stimme.

Da ich ein zu Zwangshandlungen verpflichteter Autist bin, kann ich so was nicht ignorieren. So ein scheiß Regenwurm liegt vor mir auf dem Aldi-Parkplatz und macht einfach keinen Platz.
Ignorantes Wurmgesocks.
Und dann lächelt er, als wolle er mich provozieren, flötet kaum hörbar die Junkieentschuldigung von Marilyn Manson: «... I don't like the drugs but the drugs like me ...», und ich stehe hilflos da.
Ich werd grad echt verrückt an diesem blöden Wurm. Und er liegt da und pfeift gruselig-schlechte Rockmusik.
Scheiß Wurm.
Arschlochwurm.
Das Tier ist unnachgiebig, kriechbehindert oder taub, glaube ich. Oder einfach nur auf extremen Ärger aus.

Ich beuge mich zu ihm runter: «Pass auf, Wurm, du kannst hier nicht einfach rumliegen und so tun, als ob dies hier dein scheiß Parkplatz wäre. Ich meine, ich könnte jetzt um dich herum laufen, aber ich gehe hier immer so, und immer, also wirklich immer, setze ich meinen Fuß auf diesen Pflasterstein, auf dem du jetzt liegst. Also würde es dir viel Mühe bereiten, dich hier zu entfernen? Ich will dir ja auch nicht wehtun.»

Ausdruckslose Wurmaugen starren mich an und der Wurm zieht ein Gesicht, so als wolle er sagen: «Blödmann, Würmer können doch weder hören noch reden, also laber mich nicht an, Alter. Ach und außerdem, ich bleibe hier liegen, bis es Frühling wird, du Lebensopfer.»

Der Wurm bemerkt natürlich auch meine vorweihnachtliche Angespanntheit, aber da er einer dieser provokanten Arschlochwürmer ist, bleibt er einfach liegen und pfeift weiter schlechte Rockmusik, jetzt etwas lauter und irgendwas von Scooter. Der Wurm hat einen total fehlgeleiteten Musikgeschmack.

Kackwurm.

Ich muss mir was überlegen.

Einfach drauftreten und das Wurmding unter meiner Schuhsohle zerreiben ziehe ich aber nicht in Erwägung, das wäre wieder so ein blödes Machtspielchen Mensch gegen Tier, und auf dieses Niveau will ich mich einfach nicht herablassen.

Dann überlege ich kurz, dem Wurm eine von meinen Zigaretten anzubieten, um ihn vielleicht milde zu stimmen, aber wer weiß, ob der Wurm überhaupt raucht und nicht vielleicht noch böser wird, wenn ich ihn mit einer meiner Zigaretten belästige.

Ich frage trotzdem: «Zigarette?»

Der Wurm schweigt kurz und schüttelt den Kopf oder den Arsch, das kann ich nicht genau erkennen. Beide Wurmenden bewegen sich ganz kurz, also Arsch und Kopf. Das Wurmgesindel bleibt aber an Ort und Stelle, meine Zigaretten bleiben in der Schachtel.

Vielleicht sollte ich ihm ein wenig Angst machen mit meinem Feuerzeug. Einfach mal so kurz vor seinem blöden Wurmgesicht eine Flamme machen, ihm einfach nur ein wenig Angst machen, nur ganz kurz demonstrieren, dass ich in meiner Funktion als Mensch doch wohl die besseren Karten habe.

Ich zeige ihm erstmal das Feuerzeug, vielleicht kennt er so was ja, vielleicht hat er ja Erfahrung mit solchen Dingen. Er stimmt aber pfeifend ein neues Lied an, und ich erkenne eine ganz neue Seite an ihm. Er pfeift was von Madonna, ich glaube es ist «Like a virgin»; ein Emowurm – auch das noch.

Das Feuerzeug interessiert den Wurm nicht, ich lege es direkt vor ihn hin, bin mir aber auf einmal nicht mehr sicher, ob ich das Feuerzeug nicht zufällig seinem Arsch zeige, und so zeige ich das Feuerzeug auch noch der anderen Seite des Wurms. Unbeeindruckt verweilt er. «... like a virgin touched for the very first time ...», er pfeift dieses blöde Lied und treibt mich damit auf die A 666, die Autobahn Richtung purem Hass.

«Wurm, du willst doch sicher nicht, dass dir was geschieht, oder?» Das soll so eine Art Drohung sein, aber es ist schwierig einem total impertinenten Regenwurm zu drohen, der dabei auch noch Madonna pfeift.

Haben Sie schon mal jemandem gedroht, der Madonna pfeift? Das ist doch wie Mutter Teresa verprügeln. Geht gar nicht, macht man nicht so was.

Der Wurm liegt da, es interessiert ihn nicht die Bohne, was ich ihm erzähle. Das gibt meinem Wahnsinn erneut etwas Futter. Ich bücke mich wieder zu ihm runter und lasse aus dem Feuerzeug etwas Gas austreten, achte aber darauf, dass mich keiner der Leute hier auf dem Parkplatz sieht. Nicht, dass da gleich so'n Kind rumschreit: «Mama, der Mann da vergast einen Regenwurm!» Dann ist man hier auf dem Vorhof zu Aldi aber das Komplettarschloch.

Ich liege vor dem Wurm, Leute gehen vorbei, gucken komisch. Ich lasse Gas ausströmen, abwechselnd in den Wurmkopf und den Wurmarsch, irgendwie wird er doch die Gefahr bemerken, die von mir ausgeht. Ich will, dass er weiß, dass ich es ernst meine.
Kackwurm.
Das Gasgeballer scheint den Wurm zunächst nicht zu beeindrucken. Nicht nur zunächst nicht, sondern überhaupt nicht.
Arschlochwurm.
Der Wurm pfeift jetzt ein Lied von den Beatles. Eins von John Lennon: «... all we are saying is give peace a chance ...» Ich fühle mich erkannt, gedemütigt und total mies.
Ich bin doch nur ein junger Mann auf dem Parkplatz bei Aldi, der nur etwas Gemüse kaufen will. Ich bin verzweifelt. Der Wurm bleibt. Vielleicht sollte ich einfach gehen. Aber diese Blöße will ich mir nicht geben.
Dem Wurm fällt immer noch die Beatles-Nummer aus dem Gesicht. Er ist an Coolness kaum zu überbieten. Das imponiert mir.
«Ok, Wurm», sage ich, «du bist der coolste Regenwurm der Welt. Mach doch, was du willst.»

Ich bleibe bei ihm sitzen. Es regnet. Ich sehe, wie Aldi gerade schließt. Die Lampen im Supermarkt verdunkeln sich, vor mir sitzt ein Regenwurm mit multiplem Musikgeschmack. Unbeugsam, widerstandsfähig. Kampfbereit erscheinend.
Ich habe verloren.
Gegen diesen einen Wurm.

Es wird Nacht und ich erzähle dem Wurm aus meinem Leben und er pfeift dazu einige Lieder, unter anderem auch Songs von Johnny Cash.

Ich habe noch eine Dose Bier im Auto, fällt mir ein. Die hole ich, biete sie dem Wurm an. Er reagiert schon wieder nicht, ich trinke allein – was für eine arrogante Mistsau.

Irgendwann schlafe ich ein.

Als ich am nächsten Morgen erwache, ist der Wurm weg, nur ein kleiner Zettel liegt da, auf dem noch kleiner zu lesen ist: «Danke für den netten Abend, und du brauchst echt mal einen Arzt, Alter.»

Wahrscheinlich hat er recht, aber fürs Erste ist er aus meinem Blickfeld verschwunden und somit bin ich der Sieger – Sieger durch die Erhabenheit meiner Geduld.

Ich stehe auf und schaue an meiner ranzigen, durchregneten und klammen Bekleidung runter, um festzustellen, ob ich den Regenwurm nicht vielleicht doch unabsichtlich im Schlaf getötet habe, einfach durch Umwälzung meines Körpers.

Keine Spur von ihm, und auch unter meinen Schuhen keinerlei Anzeichen von unabsichtlichem Mord.

Ein Lächeln kommt geflogen und setzt sich in mein Gesicht. Ich stelle fest, mich durchgesetzt zu haben, und auch, dass man den Coolnessgrad von Regenwürmern nicht an deren Musikgeschmack festmachen sollte, zumindest nicht ausschließlich.

Ich betrete motherfucking Aldi, das Personal macht einen ebenso müden Eindruck wie ich, obwohl die wohl alle nicht draußen auf dem Parkplatz geschlafen haben. Obwohl, wer weiß, vielleicht werden diese Aldikaputtheiten auch in einer Scheune hinter dem Ladengebäude gezüchtet.

Ich kaufe Broccoli, Himbeeren, eine Ananas, ein Brot und frischen Basilikum und Tomaten. Ich bin glücklich.

Vier Tage später sitze ich zu Hause und gucke eine Tierdokumentation im Fernsehen. Es geht um Ameisenbären und deren Paarungsverhalten. Die Geschlechtsreife erreicht der gemeine Ameisenbär mit etwa drei bis vier Jahren. Die Paarungszeit erstreckt sich im Allgemeinen meist über das Frühjahr oder die Regenzeit. Die Männchen begatten meistens mehrere Weibchen und haben mit der folgenden Schwangerschaft und der Aufzucht des Nachwuchses nichts mehr zu tun. Um den Nachwuchs kümmert sich ausschließlich die Mutter.

Hat sich ein Pärchen gefunden, so kommt es zur eigentlichen Kopulation. Dazu legt sich das Weibchen entspannt und willig auf die Seite und das Männchen dringt mit seinem Begattungsorgan in das Weibchen ein. Kurz nach der Paarung trennen sich die Geschlechter. Ich glaube, wäre ich jetzt Evolutionscommander Gott und würde am Beispiel des Ameisenbären auch das menschliche Sexual- und Familienverhalten freigeben, achtzig Prozent der Männer würden sagen: «Bin ich dabei!»

Ich genieße die Ruhe, die dieser Beitrag mit sich führt. Ameisenbären sind entspannte Leute.

Plötzlich brennt sich was Schrilles in die Gemütlichkeit. Das Telefon klingelt, ich nehme ab und sage nur «Hallo», und der Wurm ist dran, der von vor vier Tagen. Er spricht wie nach fünf Nasen Kokain, schnell und konsonantenbetont.

Fast hyperventilierend.

Er fragt mich, ob wir uns nicht mal wieder auf ein Bier bei Aldi sehen könnten. Ich habe dem Wurm wohl in dieser einen Nacht meine Telefonnummer gegeben.

Im Hintergrund läuft irgendwas von Slayer, ich glaube, es ist deren Livealbum «Decade of Aggression», und der Wurm muss schreien, damit ich ihn überhaupt verstehe.

Ein Bier?

Ein Regenwurm?

Ein Aldi?

Es geht mir nicht gut, ich lehne ab.

Der Campingstuhl

Melissa hat unter ihrem kurzen Arm, quasi in der Armbeuge, einen zusammengeklappten Campingstuhl eingeklemmt, als sie neben ihrer Mutter nach Hausfrauenart das Möbelhaus für halbwegs moderne Menschen verlässt.

Der Campingklappstuhl ist noch von einer durchsichtigen Folie umhüllt, welche die Neuheit dieses mobilen Sitzmöbels zu bestätigen weiß. Es ist Melissas erstes eigenes Möbelstück, dieser Campingstuhl, und der klemmt da unter ihrer Armbeuge und fühlt sich gut an, so eigen, so neunundzwanzig Euro fünfundneunzig, so Klappstuhl, so oranger Stoffbezug, so fühlt er sich an, der erste eigene Klappstuhl.

Melissa lächelt, die Mutter ist ein wenig in Sorge, typisch Mutter halt.

Melissa macht nächstes Jahr Abitur.

Sie sagt ihrer Mutter, dass sie Tierärztin werden will, und das findet die Mutter natürlich toll, so eine Tochter zu haben mit Tierärztinnenberufswunsch.

Das klingt nach eigener, gut riechender Praxis mit vom Leben verwöhnten Menschen in parfümierten Wartezimmern, die den Rassedackel gesund haben wollen, weil Gustav, der Rassedackel, der humpelt so komisch und er frisst auch nicht mehr, daher soll er zur Krebsvorsorge, weil man sich um ihn sorgt.

Melissa, ja die Melissa erledigt das dann, und die Mutter sitzt nach Hausfrauenart derweil zu Hause und strickt hässliche Pullover für ihren Mann.

Der Mann ist halbglatzig, fett, Bauarbeiter und impotent, deshalb hat er auch nur einen hässlichen, selbstgestrickten Pullover verdient. Melissa bedeutet für die Mutter Hoffnung, pure glänzende Hoffnung auf irgendwas mit Zukunft.

Eigentlich will Melissa aber Rockstar werden und keine Tierärztin. Tiere sind ihr scheißegal und Geld eigentlich auch. Sie will in einer Welt aus Dreck und Gitarrenakkorden leben, ein Kombinat aus einem Leben im Bus und Gefühlsausbrüchen auf Bühnen.
Sie will eine Ernährung gemischt aus Tankstelle und Rastplatz. Sie will Hörstürze provozieren und Typen, die vor ihrer Garderobentür stehen – so geile Emotypen sollen das sein. Solche, von denen man nur das halbe, irgendwie traurig geartete Gesicht sieht, weil die andere Gesichtshälfte von Haaren bedeckt ist, und diese Emoboys wollen alle nur an ihrer Aura lecken.
Und sie wird es selektiv sogar zulassen, dass sie von Emojungs an ihrer Aura geleckt wird. Soweit zu Melissas Träumen.
Außerdem will sie Piercings und Tätowierungen, bis sie als stylisches Gesamtkunstwerk Anerkennung findet. Bislang hat die Mutter jede Form von Körperschmuck und selbstherbeigeführten Löchern strikt verboten. Wie sähe das denn aus, eine Tierärztin mit Nasenlöchern oder bunten Armen.
Melissa hatte kurz geweint und wusste, dass sie das erste Lied auf ihrem ersten Album ihrer Mutter widmen würde, und es würde sehr schlicht «Fuck you» heißen.
Es wäre ein aggressives Lied und es würde wenig Text haben und vielleicht mit nur zwei Akkorden auskommen, aber es käme auf jeden Fall auch eine Kettensäge darin vor, die der Mutter wichtige Teile wegamputiert.

«Isst du noch 'ne Pommes mit?» Die Mutter fragt, die Tochter nickt. Draußen gehen die beiden auf einen stinkenden Schnellimbiss zu und die Mutter macht auf Familie und bietet der Tochter was Schnelles, Warmes aus der Fritteuse an.

Melissa weiß, dass das fett macht, sagt aber ja, um ihre Mutter nicht zu beunruhigen. Sie kann das ja später wieder auskotzen.

Kurz darauf sitzen die beiden bei Currywurst, Pommes und Cola (immerhin light) zusammen und ernähren sich deftig. «Sag mal», beginnt die Mutter ein Gespräch, «dieses Musikfestival, wo du mit der Charlotte hinfährst, wie heißt das nochmal?»

«Hurricane Festival», antwortet Melissa schmatzend, «da spielen tolle Bands.» Melissa lächelt wie ein Mädchen, das ihre Rockseele verleugnet.

«Hast du denn jetzt alles dafür?», will die Mutter nochmal wissen.

«Ja, Mama, alles zusammen, der Stuhl muss auch mit.»

Die Mutter ist eine ängstliche Mutter, die Tochter wird bald drei Tage außer Haus sein, um zu einem Fest zu gehen, dessen Namen sie weder einordnen noch aussprechen kann. Aber er klingt bedrohlich: Hurricane-Festival.

Melissa tanzt im Kopfkino der Mutter zu verzerrten Gitarren und überdrehten Schlagzeugen, voll mit illegalen Substanzen, und wird danach von gesichtstätowierten Motorradfahrern hergenommen, die an der wehrlosen Melissa Dinge vornehmen, die sich Tiere ausgedacht haben.

Melissa läge dann da, nur mit Unterwäsche bekleidet, und bärtige Männer würden sie zunächst schänden und dann grillen.

Diese Gedanken passen auf keine Blumenwiese, sie sind einfach nur schlimm. Einen Moment lang hat die Mutter ein «Du fährst nicht!» ganz vorn auf der Zungenspitze, schluckt den unpädagogischen Satz dann aber wieder runter und im Magen tut der Satz weh und richtet Unruhe und Verdauungsstörungen an.

Mutter und Tochter kauen Fritten und saugen aus Halmen Cola light in sich hinein. «Soll sie doch ihre Jugend haben, die Kleine, und Erfahrungen machen, die ich nie hatte, aber nur bis zu dem Punkt, wo sie noch Tierärztin werden kann.» Das denkt die Mutter in ihrer Hausfrauenart und guckt die Tochter an, die ihrerseits nach draußen guckt und verstört und lieblos in ihre Pommes sticht.
Die Mutter zahlt, die beiden fahren heim.

Drei Tage später steht Charlotte mit ihrem vom dreijährigen Prospekteverteilen finanzierten Opel Corsa, Baujahr 1992, vor dem Haus und hupt.
Charlotte hat das Radio voll aufgedreht und eine Ich-bin-Popstar-und-keiner-soll-mich-erkennen-Ganzgesichtssonnenbrille auf. Melissa umarmt auf der Türschwelle ihre besorgte Mutter, aber geistig ist sie schon mit Dosenbier bewaffnet und singt komische Lieder von den «Foo Fighters» oder ähnliches Rockzeugs auf einem Campingplatz mit sogenannten Gleichgesinnten.

Die beiden Mädchen fahren los, verlassen den Ort, Charlotte hat ähnlichen pädagogischen Druck wie Melissa auszuhalten, auch ihr Zuhause ist geprägt von allerlei unerklärlicher Fremderwartung.
Die beiden fühlen aber eine Freiheit, jetzt, die Jetztzeit und sie fühlen ihr Richtigsein in diesem Auto, einem kleinen roten Opel Corsa, vollgepackt mit Campingkram, Alkohol und Sommermädchenbekleidungsdingen.

Im Radio läuft «Seven Nation Army» von den White Stripes und gefällt den beiden Mädels, die dieses Lied würdigend im Sitzen mittanzen.

Das Riff ist eins der tanzbarsten, selbst sitzend fühlt man sich von diesem Lied zum Mitgrooven verpflichtet.

Die beiden Mädchen beginnen ein Gespräch und erzählen sich ihre Wünsche, was auf so einem Musikfestival zu erleben sei. Pogo, Saufen, Knutschen und sich von irgendwelchen Typen intim befummeln lassen, das gehört zur Rock'n'Roll-Strategie der beiden 18-jährigen Mädchen. Vielleicht irgendwas mit Drogen ausprobieren, Drogen, die einen die Welt ganz unkritisch gut finden lassen, auch wenn da ein Druck auf den Mädchenschultern sitzt, den Mütter da hingerammt haben.

Charlotte und Melissa reden noch über ihre Mütter und müssen lachen, und dann lacht Charlotte Melissas Campingstuhl aus und Melissa sagt: «Nein, das Ding ist wertvoll, es verbindet mich und meine Mutter. Weißt du, das Ding ist so was wie ein heiliges Band. Am einen Ende steht die Tradition meiner Mutter und am anderen Ende des Bandes stehe ich, vielmehr sitze ich als ultimativ Gerockte auf diesem Stuhl und betrachte das Universum. Verstehst du?»

Charlotte lacht. «Ey, setz dich doch wie alle auf den Boden, Lissa. Ein Klappstuhl ist doch was für Omas, für Gescheiterte, für Leute, die ihre Joghurts umrühren, für Weiber, die keine Tennisbälle in ihre Pussys kriegen. Der Stuhl ist kacke.»

Melissa wendet ihren Blick nach draußen und denkt einfach, weiß einfach um die Unreife Charlottes, die nicht die Wichtigkeit des Stuhls anzuerkennen vermag. Das unterscheidet Mädchen von Frauen, denkt sie noch und schnell ist das Gespräch wieder bei einer Band angelangt, die auf einer Bühne des angestrebten

Festivals zugegen sein wird. Lobeshymnen über Sängergesichter und Gitarristenfinger.

«Ey, so 'ne Schlagzeugerfaust in meiner Pussy, das beschleunigt bestimmt jede Orgasmuswelle. Und wenn er dann noch einen Breakbeat klickt ...» Charlotte ist angetan von ihrer eigenen Fantasie. Schlagzeuger sollen sich in ihrer Pussy aufhalten, und Bassisten und Sänger mit langen Haaren einen Reigen um sie tanzen.

Im Radio laufen die «Beatsteaks» und schmecken beiden, obwohl sie seit zwei Alben ziemlich englisch, also nur halbgar, erscheinen (Anm. d. Verf.) «... and I don't care as long as you sing ...»

Die beiden Mädels stimmen ein Duett an und irgendwann sind es nur noch dreißig Kilometer, und da gibt es schon einen kleinen Stau, in dem man rockende Menschen in mit rockenden Aufklebern beklebten alten Fahrzeugen bewundern kann, und alle haben eine Laune, die irgendwas mit Losgelöstheit von der Schwere des Alltags zu tun hat. Man sieht Mädchengesichter, die alle im Lolita-Style daherkommen und lächeln, als wären sie Sonnensysteme, und Typen mit und ohne Kinnbart, die in die Shirts ihrer Lieblingsemokapellen eingerollt sind. Das wilde Leben schreit. Es zieht die Kinder zum Festivalgelände. Im Takt werden Bierdosen geöffnet. Heruntergekurbelte Fensterscheiben geben Musikgeschmäcker preis.

Charlotte und Melissa voller Vorfreude und vor allem: mittendrin.

Zwei Stunden später haben die beiden Mädchen ihr Igluzelt aufgebaut, in das sie nun Bier und Anziehsachen stecken. Dann stehen sie vor dem Zelt und prosten sich mit Bierdosen zu, und schon werden sie von zwei Typen angesprochen, die zufällig auf dem Gehweg entlangstolperten. Beide haben sich schon heftig am Alkohol gelabt und der eine, der sich als Jens vorstellt, fragt die Mädchen, ob es was zu kiffen gäbe, und der andere, der sich als Tim vorstellt, hat Probleme damit, im Stehen nicht umzufallen.

Angst davor scheint er aber nicht zu haben, der Tim. Einige Meter weiter wird jemand namens «Helga» vermisst, einige hundert Meter weiter auch. Wer nennt denn heute noch Kinder «Helga», fragt sich Melissa und holt ihre Luftmatratze aus dem Zelt, auf der sich Tim und Jens niederlassen.

Weitere Biere folgen, irgendwann kommt sogar ein Joint ins Spiel. Woher, das weiß nach so vielen Bieren dann auch keiner mehr, und irgendwann sitzt Melissa in ihrem Klappstuhl und ist froh, ein so stark rockendes Leben ihr Eigen nennen zu können, und um sie herum hocken ungefähr zehn andere Menschen, die Melissa nicht kennt, und die Charlotte ist auch dabei und die hat die Zunge von Jens im Gesicht und versteckt ihre Hand in seiner Baggypants.

Jens' Hände suchen Charlottes Brüste und finden diese auch. Charlotte bewegt ihre Hand schneller, die in der Hose von Jens, und der verdreht die Augen und freut sich offensichtlich. Er murmelt irgendwas, das klingt wie russisch.

Die anderen Menschen rundherum kiffen, trinken, reden, schweigen und sitzen alle auf dem Boden auf ihren selbst mitgebrachten Isomatten, Schlafsäcken oder Wolldecken.

Melissa sitzt wie eine ungekrönte Rockqueen in der Mitte, ist weit draußen mit ihren Gedanken. Sie ist die Einzige mit Campingstuhl, findet sich maximal cool und schön und extravagant. Da muss man nichts besonderes sein, wenn man einen Campingstuhl dieser Güteklasse hat.

Sie denkt kurz noch an ihre Mutter und findet auch plötzlich in ihrem angenehm passenden Alkohol meets Marihuana-Rausch die Muttersorge irgendwie süß und gar nicht mehr so bedrohlich.

Schließlich hat diese sie begleitet, diesen heiligen Stuhl zu kaufen, mit dem sie jetzt die Chefin des Bereiches ist, den sie mit den Augen erkennen kann. Dieser Bereich aber fängt plötzlich an zu tanzen und dann kommt ein Gefühl, als träte ihr jemand mit Schuhen vom Bau in die Magengrube, und dann kommt noch einer mit einem Spaten, der damit in ihren Kopf sticht, und Melissa fühlt plötzlich wie ihr Stuhl abhebt.

Der Campingstuhl fliegt, schwebt einfach aufwärts, die anderen Rockkinder interessiert das nicht. Der Moment ist ein magischer.

Liebe fließt wie Kotze aus Melissas Mund. Sie erbricht rote kleine Sterne, lächelt dabei, ein paar rote kleine Glitzersterne bleiben an ihrem Kinn hängen und Melissa wischt sie ab. Wenn sie kotzt, kotzt sie vor Glück. Der Stuhl fliegt weiter, fliegt über den Zeltplatz hin zum Festivalgelände, fliegt über Bierstände, über Merchandisestände, über Imbissbuden, über Dixietoiletten und wieder zurück zum Festivalgelände. Auf der Hauptbühne steht ihre Mutter und rammt sich eine brennende Gitarre in die Vagina.

Melissa winkt ihr im Vorbeifliegen zu und die Mutter winkt zurück und die Gitarre verschwindet fast ganz in ihrem Unterleib.

Dann landet Melissa wieder bei ihren neuen Freunden, aber eher unsanft. Der Stuhl geht dabei ein wenig kaputt und Melissa kotzt immer noch rote Glitzersterne und schreit dabei: «Meine

Mama rockt, sie hat eine Gitarre in der Fotze.» Dann fliegt sie ohne Stuhl ins Zelt, und dann wird alles schwarz.

Nach gefühlten fünf Minuten wacht Melissa auf, an ihrer Wange kleben die Reste von Erbrochenem. Sie trägt nur ein T-Shirt, untenrum ist sie nackt und sie sieht beim Runtergucken, dass da ein neuer kleiner blauer Fleck an ihrem Oberschenkel ist, der vor dem Flug noch nicht da war.

Als sie sich aufrichtet, protestiert ihr Kreislauf und eine Horde durchgeknallter Punks, die ihren Kopf besetzt haben, pogen, als gäbe es kein Morgen. Melissa schafft es aber trotzdem, sich aus dem Zelt zu schälen, und draußen sitzt schon Charlotte und hat sich einen Becher Kaffee auf dem Gaskocher gemacht. «Na, ausgeschlafen, Lissa? Mensch, was warst du breit gestern.»

Wo ist mein Stuhl, durchzuckt es Melissa plötzlich, ich kann nicht ohne meinen Stuhl. «Was genau hab ich denn gemacht?» Melissa versucht durch eine gezielte Frage Mosaikteilchen für ein Gesamtbild zu sammeln.

«Ey, du hast echt ein draufgemacht, Lissa, aber hallo. Zuerst hast du ungefähr zehn Bier weggehauen, dann noch von so 'nem Schnaps was gehabt und dann mindestens an fünf Tüten mitgedampft. Irgendwann bist du einfach mit deinem Stühlchen umgefallen und der Tim war so lieb, dich ins Zelt zu tragen.» Melissa scannt das komplett zerfeierte Areal um ihr Zelt mit ihren zusammengekniffenen Augen.

«Dein Stuhl hat die Geschichte leider nicht überlebt», ergänzt Charlotte noch, und Melissa wird bei diesem Satz ganz traurig. Dann sieht sie ein zusammengeklopptes Häufchen aus Metallstangen und angekokelten Stofffetzen. «Die Jungs ham das Ding angezündet und das Feuer dann ausgepinkelt, ich hab Fotos davon gemacht. Hier guck mal, geiler Schwanz, oder ...?» Charlotte reicht Melissa ihre Digitalkamera und Melissa schaut gar nicht hin.

Ihr Stuhl ist zerstört, aber das, dieser eine Flug war es wert, ihn besessen zu haben.

«Yau, stimmt, geiler Schwanz», stimmt sie zu und setzt sich zu Charlotte auf die Luftmatratze. Melissa lächelt Charlotte an. Charlotte schenkt ihr Kaffee ein.

Long live Rock'n'Roll!!!

Was Leute nicht alles Kunst nennen

Kunst, so sagen ja viele, findet nur in den Augen und Ohren und sonstigen Sinnesorganen des jeweiligen Kunstkonsumenten statt. Viele aber, die das dann auch geil finden, haben Probleme den Künstler zu verstehen, ob es jetzt um Aktionen, Bilder, Lieder oder auch um Literatur geht.

Auch ich werde häufig missverstanden, aus Gründen, denke ich. Ja, Gründe werden der Grund sein, dass nicht jeder so denkt, wie ich es tue. Und dann kommen die Kritiker und kacken rum, und eigentlich ist alles schön einfach und sortiert in meinem Kopf.

Ich denke dann schon mal: «Ich hab bis hierher alles richtig gemacht, jetzt seid ihr dran.» Und das sag ich dann auch: «Ich hab bis hierher alles richtig gemacht, jetzt seid ihr dran», und die Blicke, die man dann bekommt, sind entweder mit der Aussage «Komma klar» versehen oder aber (vor allem bei kleinen Emomädchen namens Theresa oder Kevin) mit der Botschaft «Ja, du hast recht, gib uns eine Botschaft und wir folgen dir in jede Fallgrube.».

Beides kotzt an.

Gründe hat es genug.

Gründe eben. Diese Sinnbausteine, aus denen sich Menschen die Welt katalogisieren. Und sie dann einordnen. Den Sinnesgemischtwarenhandel plündern und dann auf an die Meinungsfront, aber Meinungen, das sind für mich diese schwierigen, streng festgelegten Regelmechanismen, die immer gleich funktionieren, nämlich eigentlich nie.

Welche zu haben von diesen Meinungen ist für mich ein ziemlicher Luxus und das nicht, weil mir viel egal ist, sondern weil es einfach schwer ist, sich von in Fetzen hängenden gesellschaftlichen Statements konkrete Bilder zu machen.

Folgende Szenarien belegen dies am Beispiel KUNST. Alle hochoffiziell artifiziell und einfach da, aus Gründen.

Freunde von mir.

Einer haut mit der flachen Hand auf eine Tischplatte, der andere schreit und spuckt rhythmisch auf die Schlaghand des anderen. Fünf Zuschauer, alle irgendwie eine Drogenkarriere hinter sich, vor sich oder grad dabei eine zu haben.

Als der eine aufhört zu schlagen, hört der andere auf zu spucken. Dann ist Ruhe.

Anschließend wird applaudiert, dann ungefähr 37 Minuten über Hände, Schande, Liebe, Krieg, Drama, modernes Leben und die Philosophie des Sich-Anspucken-lassens-bei-der-Arbeit diskutiert, dann wird gesoffen.

Schöner Abend.

Einer, den ich nicht kenne und auch nicht kennen will, steht so rum und schweigt. Er protestiert damit gegen laute Innenstädte, das Infoschreiben dazu hat er in der Jacketttasche.

Das ist so einer, der nichts isst, was Schatten wirft.

Dreihundert chinesische Paare kopulieren in identischer Stellung auf einer Frühlingswiese. Selbst der Rhythmus wirkt synchron.

Niemand sagt ein Wort.

Kein Wunder, dass es so viele von denen gibt.

Ein Typ, der sich «Der Bildhauer» nennt, macht Kunstwerke aus 25 Dekaden Dekadenzkunst mit seinen Händen kaputt. Der Mann gibt sich recht und hat es somit.

Er schlägt einfach überbewertete Leinwände, die seinen Intellekt oder Geschmack beleidigen.

Fußgängerzone Offenbach am 21.05.1996: Ein junger Mann, der schon verstorben ist, und zwar an einer Krankheit, die keiner gerne hat, hackt sich zur Mittagsstunde mit einem handlichen Beil die Hand ab und verblutet.

Er will damit auf den Identitätsverlust aufmerksam machen, worauf ein selbstgebasteltes Schild hinter ihm aufmerksam macht.

Als ich vorbeigehe und ihn da liegen sehe und er schreit, aber die zu Hilfe eilenden Passanten mit Fußtritten davon abhält, ihm zu helfen, da denke ich allerdings nicht an Identitätsverlust, sondern an was anderes: Ich hatte die Kaffeemaschine angelassen. Ist auch schlimm. Solidaritätsbekundung: Ich ging anschließend zur Maniküre und gab ein fettes Trinkgeld.

Die Musikgruppe «Kettcar» veröffentlichte ihr drittes Album am 18.04.2008. Es heißt «Sylt». Nah dran.

Aber was ist so geil daran? Sind es die Worte eines Marcus Wiebusch, die in anonymer Heiserkeit in die Welt genudelt werden, oder doch das unaufdringliche Popgerocke, das sich mit Harmonien auskennt, oder vielleicht einfach die Tatsache, dass diese Musiker alle älter sind wie ich und irgendwie weiser erscheinen wie ich und es wahrscheinlich auch sind, und dass genau diese Tatsachen die Musik vielleicht für mich undurchdringbar machen?

Irgendeine Nacht in einer Indiebar. Wir schreiben Spätsommer 2007. Es geht mir schlecht. Die Musik ist nicht zum Aushalten. Der Alkohol macht die Musik aushaltbar.

Überall Menschen, eingewickelt in die Atmosphäre. Was man jetzt bräuchte, wäre ein netter Bauer, der seinen Traktor zur Verfügung stellt, um hier einmal im Kreis zu fahren, und wer übrig bleibt, kommt wie ich vom Land.

Ein Mädchen macht sich nackt und beginnt zu tanzen. Sie ist komplett unbekleidet und es läuft ein Lied von diesen Strokes, die perfekt und kaputt zugleich klingen, weswegen sie für mich unhörbar und schwer tanzbar sind, weil die zwei Pole, also perfekt und kaputt, die sind es, wäre Musik ein Bild, die dieses Bild neutralisieren, also unsichtbar machen würden. Störende Elemente gibt es nicht, auch das Gesamtbild ist nicht störend.

Die Nackte tanzt, als hätte sie nie etwas anderes gemacht, als nackt zu tanzen. Als wir später noch bei ihr waren, um eine süße Limonade mit Schnaps drin zu trinken, hat sie gesagt, sie hieße Kerstin und würde grad ein Buch über ihre Erfahrungen mit Exhibitionismus schreiben. Ob ich da schon mal reingucken wolle, hat sie gefragt.

Klar, hab ich gesagt, aber nicht in das Buch.

Alle Platten der Band «Tomte»: Treffer!!! Von der Fresse in die Fresse, Gesang mit offenem Mund, grundlos pathetisch. Tomte hören ist in etwa vergleichbar mit dem Lesen von Karl Marx, man versteht nie wirklich alles, aber das Grundgefühl ist immer anrührend und aufwiegelnd.

Das Buch: Rotes Sofa von Andreas Weber, erschienen im Lektora-Verlag, ISBN 978-3938470169: ebenfalls Treffer!!!

Guter Typ auch, mit dem man sich extrem schön bohemisch betrinken kann.
Ausprobieren.

Neulich war ich bei meinem Freund Sven, der macht Literatur im Bereich der wissenschaftlichen Fiktion. Wir tranken was und guckten an unseren Persönlichkeiten vorbei auf unsere Leben.
Sven schreibt Fiction, die man nur in rauschhaften Zuständen ansatzweise träumen kann. Raumschiffe und Spacedrogen kommen vor, aber leider kein Stil. Der fehlt komplett, wahrscheinlich aus Gründen.
Oh ja, Gründe sind immer wichtig, Argumente und solcherlei. Hat man sie nicht, hat man eigentlich nichts, nur das Objekt und das ist, ohne es irgendwie zu nennen, wie ein Kind, dem der Eiswagen direkt vor der Nase wegfährt.
Es geht Sven nicht sehr gut seit seinem letzten Entzug. Und er ist jetzt irgendwo in einer Anstalt und ich weiß, dass ihm kalt ist und dass er sich allen Menschen überlegen fühlt mit seiner Art von Kunst, und wenn es jemand scheiße findet, versteht er es nur nicht. Das war schon früher so, als wir noch regelmäßigen Kontakt hatten.

Berta bastelt Billigscheiß aus Bananenkartons. Stühle, Tische, es gibt bereits eine ganze Inneneinrichtungskollektion. Berta ist glücklich damit und weiß, dass das ihr Durchbruch sein könnte, also der in den Wahnsinn.
Kurz davor Kunst zu sein, aber die Schritte werden müde ... stolpernd die Stimme, flüsternd der Gang. Berta ist so fertig, sie läuft rum wie ein Altbau kurz vor der Sprengung. Sie kann nicht anders, weil sie nichts anderes kann. Und deswegen sind es die Ba-

nanenkartons und Berta steht an Straßenecken und versucht diese zu veräußern, die Bananenkartons, die dann Exklusivmöbel heißen und kaputtgehen, wenn man sie anguckt und im Regen auch nichts taugen, sondern einfach nur als Klumpen feuchter Matsch rumliegen.

Sie steht da, die Berta, an der Straßenecke und empfindet auch schon ein Belächeln ihrer Produkte sowie ihrer Komplettexistenz als Zustimmung, aber trotzdem ist sie so müde.

Ich, daneben ...

Jemand hat vor kurzem in einem amerikanischstämmigen Fastfoodrestaurant in Herne (Wat weiß ich, wo dat is?) Flüssigbeton in alle Toiletten geschüttet, der ist voll schnell hart geworden. Ziel dieser Aktion sollte wohl sein, die Fastfoodrestaurants schließen lassen zu müssen.

Das Problem der Aktivisten mit derlei Ketten ist erstens die Fleischwirtschaft und zweitens die Ausbeutung von Mitarbeitern. Bei Punkt zwei haben die Aktivisten keinen Erfolg gehabt. Toiletten verstopft, Restaurant geschlossen, Personal entlassen. Der Kampf gegen solche Gegner hat wahrscheinlich auch immer was mit Kompromissen zu tun. Das Restaurant war auch innerhalb einer Woche wieder in Betrieb, mit neuer Belegschaft.

Kann «Terrorismus» Kunst sein?

Ein Gruftimädchen las nackt in einer katholischen Kirche in Thüringen aus einem meiner Bücher vor.

Später sagte sie der Polizei beim Verhör, sie sei mit mir seelenverwandt und man solle mich gefälligst auch verhaften. Zumindest, so sagte sie, solle man mich für ein Weile einsperren, denn ich würde eine Unruhe in die Welt bringen, die einfach nicht auszuhalten wäre. Und immer wieder schrie sie wie von Sinnen: «Bernemann verbieten, jetzt!!!»

Viele Benutzer meiner Literatur, so höre ich, haben ein Leben zu leben, das sie sich anders wünschen. Ich weiß nicht, was aus ihr geworden ist, ich hoffe nur, die Therapie wird ihr helfen. Vielleicht auch Medikamente.

Warum sie ausgerechnet meine Bücher einem gewöhnlichen Leben vorzog, erschließt sich mir nicht.

Emogirl Theresa geht spazieren. Geht in einen Wald. Setzt sich unter einen Baum und summt ein Lied von «Bright Eyes». Das ist eine gute Band, weiß Theresa und findet das Selbstmitleid von Connor Oberst schwerst sexy. So sollte alle Popmusik sein, wünscht sich Theresa, alle Popmusik, die geschrieben wird, sollte so sein wie «Bright Eyes».

Theresa sitzt da. Eigentlich arbeitet sie als Kindermädchen, das ist ihr aber zu anstrengend und das hat sich im Dorf rumgesprochen, dass Theresa das zu anstrengend findet, und jetzt will ihr keiner mehr seine Kinder anvertrauen.

Will heulen, die Theresa, aber man kann ja nicht immer heulen. Bei der Musik ging das aber sonst, das Heulen. «Bright Eyes».

Heulen statt heilen.

Hat ein Taschenmesser bei sich, die Theresa, mit dem sie sich einen Comic in die Haut schneidet. Es gibt bereits eine 23-teilige Serie, die an den Füßen beginnt (Teil 1-11), an den Oberschenkeln einige grafische und auch textliche Schwächen aufweist (Teil 12-16), dann aber wieder ab der Bauchdecke so richtig spannend wird (Teil 17-19) und jetzt an den Armen endet (Teil 20-23).

Es ist Theresas Lebensgeschichte, erzählt mit der Übertreibung der künstlerischen Gestaltung, aber leider zieht sich die Geschichte etwas zu sehr, um richtig zu rocken.

Solche Geschichten werden trotzdem geschrieben.
Täglich. Mehrmals.
An allen Fronten des imaginären und des realen Kriegs. Der ist überall, der Krieg, überdurchschnittlich brutal, alle greifen alle an, auch die mit den gleichen Zielen bomben einander voll.
Kunst versus Kunst.

Ich, drauf.
Das ist Kunst. Artifiziell. Offiziell.
Ich, drauf.
Ichkunst, ego, ego, ego.
Ich bin total drauf, weil ich es total draufhabe.

Es gibt Tage, da ist alles in einem künstlichen Licht begriffen und leuchtet hell in irgendwas aus Liebe und Geistlosigkeit.

(C)opyright by ManuThier

Das Ganze ist relativ radikal minimal
Über politisches Aufbegehren und
Nachhausekommen

Themen, die in meinem Kopf Amok liefen, wenn ich Politikwissenschaftler wäre, wären die folgenden:
- die Hingabe an die perfekte Idee
- das Scheitern der perfekten Idee
- das Entwickeln der perfekteren Idee (und zwar für alle, auch für Doofe ...)
- das endgültige Scheitern der perfektesten Idee
- der gleißend geile Glanz der Anarchie
- die Unmöglichkeit der Anarchie
- die Belanglosigkeit von Radikalität
- die Zufallsentgleisungen meiner Jugend und daraus abgeleitete Denkerfolge
- meine eigene Kleingeistigkeit und die meiner Mittäter

Und dann hat letztens noch jemand gesagt, und es war so einer in rot und schwarz und mit viel Liebe im eigens dafür aufgeschnallten Rucksack: «Unpolitisch gibt es nicht, es gibt nur denken und nicht denken.»
Ich dachte nach, tagelang, und plötzlich war ich unpolitisch. Ich verstrickte mich immer wieder in Widersprüche und am Ende des Denkens gab es kein Ergebnis, von dem zu berichten ich nun imstande wäre, sondern es gab nur die Freiheit oder das Wissen um die Freiheit, alles denken zu können.

Und dieses «Alles», die Koexistenz von «Allem», das ist doch das Problem der meinungshabenwollenden Gemeinschaft. Jeder kommt daher mit einem Splitter Weltwissen, mit Schnapsgläschen voller Erkenntnis, mit Analysen, die in den Kofferräumen von Matchboxautos Platz hätten, wenn man sie mit dem universellen Weltgeschehen vergleicht.

Und dann kommen sie und haben etwas ganz Schlimmes: Meinungen. Und die werden geäußert, kundgegeben, auf Flyer gedruckt und über Berlin abgeworfen.

Die ganzen neuen Ulrike Meinhofs, die find ich gut, aber die Zeit ist, wie es sie damals einfach auch schon war, komplett revolutionsunfähig.

Demokratie ist aus Beton, deswegen ist sie auch so hässlich. Und dann denkt man darüber nach, über das, was man vielleicht selbst schon politisch kundgetan oder verschwiegen hat, und am Ende ist man radikal, unbedeutend, relativ und vor allem immer subversiv.

Und dann kommt man auch an dem Gedanken vorbei, der zunächst aussieht wie ein uneinstürzbarer goldener Turm, in dem nur Götter zu Hause sein können, und sagt zu sich, dass irgendwelche Idioten immer schon irgendwelche Parolen in die Wurstmaschine der Welt geworfen haben, und was am Ende rauskommt, ist doch nur Blut. Dann denkt man an diese Idioten und mag sie und ihre Freunde ausrotten, weil einem die Doofheit nicht passt, weil die Doofheit XXL ist und man selbst seine persönliche Weltanschauung eher in der Kinderabteilung findet.

Also das Denken, das eigene, ist naiv, aber groß, so unsagbar groß, dass man damit den Atlantik zudecken könnte.

Man hat doch immer eine Lösung im Rucksack der Liebe, für alles, gegen alles und alles ist immer wahnsinnig groß.

Später am Abend, und es ist der gleiche Tag, liegt man dann auf seinem Bett und starrt die Decke an und findet sich sympathisch. Wieder fallen einem große Gedanken auf, die den Staat in seinen Grundfesten erschüttern können.

«Anarchie ist machbar, Herr Nachbar», so zwitschert es in deinem Schädel und eigentlich willst du jetzt aufstehen und irgendwas anzünden, zumindest aber umtreten, und du schwörst dir außerdem, dass der nächste Nazi, dem du auf der Straße oder sonst wo begegnest, auf direktem Weg nach Walhalla verwiesen wird.

Weiterhin aber starrst du an die Decke und findest dich gut in dieser Denkhaltung. Unheimlich viele Zigaretten werden der Gesundheit geopfert und du starrst und die Decke ist aus Beton so wie die Demokratie da draußen.

Alles selbst gewählt.

Die Mauern wie auch die Staatsform. Und plötzlich wirst du furchtbar aggressiv und depressiv, eine ganz schlimme Mixtur, der Cocktail aus Emotionen, der niemandem schmeckt, und du wirfst den Aschenbecher runter, und das macht nur ganz kurz ein Glücksgefühl, vor allem aber Dreck. Denken hilft nicht mehr, denkst du. Handeln willst du, doch die Depression gewinnt gegen die Aggression und du bleibst liegen und ascht einfach auf den Fußboden und sinnierst darüber, wie relativ du doch bist. Außerdem minimalistisch, und das ist wieder cool.

Also eine Einfachheit vorzuweisen in einer Welt voller Komplexe. Aber das ist Selbstbetrug, stellst du nach zwei weiteren Zigaretten fest.

Und morgen, so denkst du noch ganz kurz vor dem Einschlafen, morgen gehst du los, mit voller Wucht, aber nicht so unreflektiert wie die ganzen Political Correctness verseuchten Deppen und schon gar nicht so besoffen wie die ganzen Punks.

Ja du gehst los und hebst die Welt aus den Angeln mit klugen Worten und wenn es sein muss mit Gewalt. Ja, du willst Körpereinsatz, Vollkontakt zur Welt und suchst in ihr die Lösung.

Du fühlst dich minimal im Jetzt und die Hoffnung ist eine große und vor allem gesegnete. Das Morgen ist dein Portal, durch das du glanzvoll zu schreiten gedenkst. Wenn eine Revolution, dann meine, denkst du und schläfst ein. Morgen wird kommen, ja morgen, stille Revolte.

Und dann poltert die Revolte, die du wolltest, gewollt im Hintergrund und du bist daran beteiligt, dass alles anders wird. Und was bleibt, ist die eine Hoffnung, dass es auch dem Unpolitischen gelänge, Liebe zu organisieren.

Und dann war ich etwas später auf einer Party und da geschah dann Folgendes:

In der Mitte gurgelt jemand Durchfall

... was soll'n die Nazis raus aus Deutschland,
das macht doch keinen Sinn,
die Nazis können gar nicht raus,
denn hier gehör'n se hin ...

Goldene Zitronen – Flimmern

Faschismus, so denke ich immer wieder, entsteht selten am Rand. Also am rechten Rand. Da ist zwar eine Menge ungewollter und stupide ringender und brachial stumpfer Bewegung, doch die Wurzeln des Übels vermute ich in der Mitte unseres Gesellschaftsgebildes, bei den okayen Leuten.

Die Quelle durchfallfarbenen Übels sind die Arschtoleranzen der Durchschnittsunextremisten, denen egal ist, ob anderen etwas wehtut. Die zwar beobachten, jedoch wenn sie einen Missstand erkennen, diesen als zur Gesellschaft zugehörig empfinden und dann Toleranz walten lassen. Nazis sind keine Außerirdischen, sondern ein Teil unserer Stabilität, sagen die studiert Verplanten. Ich sage dann immer:

Und jetzt noch einmal
Damit ihr wisst, wie es ist:
Nur ein toter Faschist
Ist ein guter Faschist!

Und das Leben der unauffälligen, systemtreuen Leute funktioniert wie ein Motor, in den man als Treibstoff Arbeit, Akzeptanz von Unterdrückung, moderne Sklaverei getarnt als Lohnarbeit, Globalisierung und Gleichschaltung, die Kapitalisierung der Gesellschaft in der Vermarktung des neonlichtbestrahlten Neogottes «Geld» und andere Unannehmlichkeiten tankt, um dann die Einbildung geschenkt zu bekommen, man könne sich frei bewegen.
Da ist eine Armee, die macht Sicherheit, da ist ein Fernseher, der produziert Wahrheit, und in die Einkaufswagen der Super-, Maxi- und Megamärkte stecken wir unsere käuflichen Freiheiten.
Eingefangene Wünsche.
Wünsche, die von selbst entstehen.
Wünsche, die einfach so wachsen. Die fürchterliche Fruchtbarkeit der Alltäglichkeit. Läuft. Also die Maschine, deren Schrauben wir alle sind.

Schwierig wird es dann, wenn man sich die Sinnfrage stellt. Die wird zwar vielerorts einfach ungefragt von Werbung, Medien, Musikindustrie und religiösen Fanatikern beantwortet, aber es gibt ja immer noch Zweifler, solche, die mit dem letzten Atemzug noch Dinge entzweifeln wollen, in denen andere Menschen schon seit Jahren Glücksgeburten haben.

Her mit dem schönen Leben, wieder und wieder, nochmal und nochmal, auch ihr Zweifler bekommt einen Sinn mit auf den Weg: zweifelhaftes Zweifeln, enddummes Kritisieren. Weiter so, das ist euer Weg. Das gehört zum Gleichgewicht, ihr Lumpensammler.

Sinn erfragen ist gefährlich. Viele Sinnfrager enden bei Psychiatern, andere voll mit Schlafmitteln und Billigschnaps in mittelständischen Dreizimmerwohnungen, wieder andere in politischen Ämtern weit jenseits der Arschlochgrenze.

Ich kenne aber auch Sinnfrager, die glücklich geworden sind, und zwar an dem Punkt, als alle Fragen irrelevant wurden.

Ach, wie schön ist es, einfach ehrlich zu sich zu sein. Ehrlich, dass einem das eigene Leben gefällt, dass man nicht Gefahr läuft, demnächst in den Lauf einer Pistole sehen zu müssen.

Es ist so schön zu akzeptieren, dass man mit sich und der Welt im Einklang ist. So was geht in deutschen Landen. Klar gibt es auch Erschütterungen, die Welt wackelt kurz, aber wir sind zu keinem Zeitpunkt wirklich in existenzieller Gefahr. Deswegen sollten wir einfach loslegen, losleben. Let's start today, gönn dir einen Garnelenspieß, Tiefseefang, den man überall reintunken kann, damit er noch besser schmeckt. Gewissen haben wir auch alle. Schließlich sind hier Kirchen im Dorf und die bleiben da auch und man ist überaus critically minded. Gesinnung ist was für Extremisten.

Hier ist das Hier wichtig. Der Ort, die Heimat, der unbefangene Umgang damit. Der Mensch, der hier lebt, lässt sich einfach nicht alles bieten, anbieten schon, aber ob er dann zugreift, ist immer noch fraglich.

So zeigt sich der hier Lebende immer noch als mysteriöses, uneinschätzbares Subjekt. Aber wehe, es wird ihm die Bequemlichkeit entzogen. Nein, das Leben ist groß, ehrlich und erhaben, und wenn es gut läuft, dann auch bequem.

Eingerichtet in der Maßeinheit der Träume. Wenn Träume wie Frieden und Liebe erstmal zur Maßeinheit werden, ist doch jeder unbefangen und kann mit. Müssen alle mit. Kommen alle mit. Alle. Alle. Alle.

Wir schreiben nur noch kollektive Tagebücher.

Neulich war ich auf einem Fest mit dergleichen Leuten, einer hatte Geburtstag oder so. Da war ein Wohnzimmer, scheinbar ausgeschnitten aus dem Ikea-Katalog, und darin Menschen, die alle mindestens Abitur hatten. Bildungsbürger, Leistungsklasse. Menschen, die unbefristete Arbeitsverträge haben und diese mit Freiheit verwechseln. Ist ja nicht schlimm, jedem die Fesseln, die ihn stimulieren.

Aber dass die Dummheit auch da ihren Platz hat und Dingen Raum gibt, die vernichtet gehören, belegt folgendes mitgeschnittenes Gespräch:

Ich hing so in einem Flur und unterhielt mich mit einer Frau, die später am Abend noch Dinge in meiner Hose verlor. Aber das ist ein anderes Thema ...

Gläserklirren.

Man stößt mit Wein an. Aus irgendeinem Nebenzimmer dringt

der unaufdringliche Bass einer ebenso unaufdringlichen Musik. Easy Listening.

Es wird gelacht, warum auch nicht, alles ist doch irgendwie lustig. «Ich mag mal was Politisches fragen. Also, wir sind ja alle critically minded Bildungsbürger. Sind Nazis eigentlich auch Menschen?», wirft eine Beate wissbegierig in die Mitte dieses relativ entspannten Abends und will damit gezielt Unruhe in ihrem standardisierten Freundeskreis erregen.

«Was, wie, politisch?» Ihr Freund, irgendein Kai, wacht gerade aus Gedanken über Motorsport auf, über den er sich mit einem zufälligen Jörg unterhalten hat.

Diese Leute haben wieder einen schwerst funktionierenden Abend unter sich. Befruchten sich selbst brachial gut mit ihren Gedanken.

«Was soll das heißen?», mischt sich eine Sandy ein, «Politik kann so viel sein.»

Eigentlich sei ja alles Politik, ergänzt dann noch eben jener Jörg, und andere Leute sind gerade nicht da, nur diese guten Vier, und eine Beate meint in die Runde: «Ich les ja viel und guck viele Dokus und ich wollt mal von euch Freunden wissen, ob ihr Nazis für Menschen haltet?»

«Was ist denn das für 'ne bescheuerte Frage?», verbalkackt dieser zufällige Kai in Richtung seiner Freundin. «Natürlich sind das Menschen, die haben einen Kopf, einen Körper und zwei Beine und zwei ...»

«Nein», diese eine Beate wird etwas lauter, «ich rede nicht von Äußerlichkeiten. Denkt ihr, dass Nazidenken wirklich Denken ist, das sich Menschen ausgedacht haben? Ich komm da drauf, weil mich letztens eine Arbeitskollegin aufgeklärt hat, dass ihr Sohn ein Neonazi sei, und ich sie dann fragte, wie sie das erkannt habe, und sie daraufhin antwortete, er trüge Kleidung von Thor Steinar, und die wäre zwar sehr schick, aber eben ein Anzeichen für ein faschistoides Bewusstsein. Sie habe sich da informiert. Und auch in seinem CD-Archiv befinden sich Musikgruppen wie Störkraft, Endstufe, Stahlgewitter und so ein Liedermacher, der Frank Rennicke heißt. Und dann hat sie noch gesagt, dass sie und ihr Sohn sich derart entfremdet hätten, dass sie ihn kaum noch als Mensch wahrnehmen würde. Was haltet ihr davon?»

Die Frage steht da im Raum wie eine inkontinente Seniorin an einer Bushaltestelle, wo seit sieben Jahren kein Bus mehr gehalten hat.
«Ach, komm», versucht dieser Zufalls-Jörg die Lage zu entspannen, «wir kennen doch alle die Verbrechen des Dritten Reichs und die Judenverfolgung, weswegen wir Jahre nicht auf unser Land stolz sein durften, weil wir das in der Schule so gelernt haben, dass wir ein Tätervolk sind und so, und das ist doch in unserer Generation gar nicht mehr wahr, oder?»
«Ich glaube auch, dass wir uns als Deutsche einfach mal entspannen sollten», ergänzt dieser Kai, «diese ewige Verkrampftheit ist doch total entwicklungshemmend. Alle Länder sind doch stolz auf sich, zumindest ein bisschen. Ja, so Länder wie Simbabwe oder Burma vielleicht nicht, weil die sind ja Dritte Welt, da gibt es nix zum Stolzdraufsein, aber hier sollten wir uns echt mal zurücklehnen, weil wir wissen doch spätestens seit der WM 2006, dass wir definitiv kein Naziproblem haben hier in der BRD.»
«Haben wir eben doch», zickt diese Beate Richtung Freund, «was ich schon von Kindern im Kindergarten für krasse faschistische Ansätze zu hören bekomme, und so Söhne, wie der von meiner Arbeitskollegin, die sind ja auch keine totale Ausnahme ...»

«Das sind doch Kinder», kichert diese Sandy blöd, «die wissen doch gar nichts über Politik.»

Beate rollt mit den Augen, sie will ein ernsthaftes Gespräch. Vielleicht ist das nicht die Party für so was, möchte ich ihr zurufen, und deine Freunde haben einfach nicht das Bewusstsein für die Beschäftigung mit diesem Übel. «Ich wollt ja nur wissen, ob ihr Nazis für Menschen haltet», windet sich dann diese Beate verbalakrobatisch. «Also Jörg, was denkst du?»

Direkt angesprochen zu werden ist für diesen einen Jörg immer noch ein Problem, gerade wenn er einfach keine Meinung dazu hat. «Ich glaube schon, dass man die Menschen nennen kann, sind halt eine sonderbare Randgruppe, aber immerhin Menschen.»

Diese Beate bedeutet eben Sandy, auch eine Äußerung abzulassen, und die spricht leise und gebrochen: «Ja, sind sie, weil sie Gehirne und Körper haben. Ich kenne viele Neonazis von zu Hause aus Chemnitz, die sind aber alle als Menschen super in Ordnung, obwohl ich deren politische Einstellung nicht teile. Aber wenn ich mit denen im Gespräch bin, dann lassen sie mich auch damit in Ruhe.»

«Und was denkst du, Kai?»

Der angesprochene Kai überlegt, nimmt einen Schluck Wein, überlegt nochmal und sagt: «Es sind auf jeden Fall keine Außerirdischen.»

Die Runde lacht und hat sich politisch geäußert. Die Frau und ich im Flur lachten nicht, sondern sorgten uns darüber, dass in der Mitte der Gesellschaft Menschen Stuhlgang gurgeln und dann ausspucken. Unsere Sorge ist berechtigt, denn aus der Mitte, aus der erhabenen Blödheit der okayen Bevölkerung entspringt ein kleiner Faschismus. Der ist zwar so klein, dass man ihn kaum sehen kann, und gern auch unsichtbar, weil getarnt als Wertvorstellung oder Toleranz, aber es gibt ihn, den kleinen Faschismus der okayen Leute, und er zeigt sein Gesicht überall, wo er toleriert wird.

Es wird Wein nachgeschenkt. Diese zufälligen Leute ziehen alle Register der Meinungsvermeidung. Und ich stehe im Flur und meine Begleitung verliert Gegenstände in meiner Hose.
Mehr Kunst, mehr Anklage, mehr Liebe und vor allem nie wieder flüssig brauner DünnschiSS.

Bierflaschenkinder unterwegs

Es war ein Abend in einer Großstadt. Ich hielt mich wieder mal in einer graffitiverzierten Betonhure auf. So eine Stadt wie Dortmund oder Hannover war das, also Unbehaglichkeit hat hier schon Tradition.

Da lag eine Ruhe über der grausam gräulich schimmernden Glitzerwelt, die irgendwie unheimlich war. So eine Ruhe, diese Ruhe, die in Hera Lind-Büchern eine Rolle zu spielen scheint, so eine, die so fordernd ist, so auf Gleichschaltung aller Gefühle bedacht.

So eine Ruhe, nach der nur Stürme kommen können. Denn die aggressivsten Stürme gucken ja immer erst, wo denn die leiseste Ruhe ist. Unsere Welt ist voller Extreme. Und unser Land erstmal.

Legt eure Ohren auf den Boden, auf den Asphalt, auf die Wiese, auf die Skateboardrampe und ihr könnt es hören, dieses Gluckern, das ganz tief vom Erdmittelpunkt herrührt.

Es gluckert, es pocht, es randaliert da drin.

Ich summe ein Lied und es war «Paradise City» von Guns'n'Roses.
«... I want you please take me home ...»

Bringt mich doch irgendwer nach Hause, in dieser Stadt, die tut, als sei sie ein Paradies, aber in Wirklichkeit ist das alles nur Deko und aufgemalt, und die Mädchen sind gar nicht so schön, weil sie immer nur Milch und Sekt trinken und das macht auf Dauer schwer dumm. Nein, diese Stadt ist voller Waffen und Blumen, die sich ineinander winden, sich verschnörkeln und in sich eine ganz neue Ästhetik beheimaten.

Ich wartete an einer S-Bahn-Haltestelle und hatte wieder Lust auf dieses Indianerding, also ohnehin schon voller Feuerwasser zu sein und dann den Kopf auf die Schienen zu legen und das Ankommen des großen Stahlrosses in meiner bekannt pathetischen Art anzukündigen.

«Linie 7 kommt in drei Minuten», hätte ich dann gerne zu den Leuten, die mit mir hier warteten, gesagt, meinen Federschmuck sortiert und dann wäre ich einfach weitergeritten zur nächsten Bierbude, mit dem Wissen, irgendwas richtig gemacht zu haben.

Dann würde ich was kaufen, was meinen Großstadtrausch unterstützen würde. Aber heute gibt es ja überall so Schilder, die meine indianischen Schienenlesekenntnisse überflüssig machen und sogar verlachen. Da steht in digital, wann die nächste Bahn kommt und wohin sie fährt.

Für meine Indianerseele ist das überhaupt nicht wichtig, wohin die Dinger fahren, Hauptsache, ich kann irgendwo raus, wo ein Kuss oder ein Bett oder ein Bier oder sonst was Angenehmes auf mich wartet.

Ich höre es poltern, der Zug fährt ein. Ich glaube, einige meiner Mitwartenden denken an Selbstmord, ich tue es auch kurz. Also hier an so einem Ort wie einem S-Bahnsteig ist man ja immer nur drei Schritte entfernt davon, um sich zu einer handlichen Portion Gulasch umgestalten zu lassen. Drei Schritte und irgendein Leben hört sofort auf, irgendein Herz hört augenblicklich mit dem Schlagen auf, während sich Adern öffnen und Blutkreisläufe preisgeben.

Darüber denken die Leute nach, ihre Gesichter sprechen teilweise deutlicher als ihre Worte. Ich bin angenehm betrunken und will ins Hotel. Ich höre es poltern, der Zug fährt ein. Stahl auf

Stahl bremst das Teil. Ein entsprechendes Geräusch pfeift durch den kleinen Bahnhof.

Tür auf, ich steige ein.

Menschenauflauf. Warum nicht mal Menschenauflauf?

Ich setze mich auf einen freien Platz zwischen eine Pelz bemantelte, altersmäßig schwer einzuschätzende Teilzeitnutte und einen Bauarbeiter, der mitten in der Nacht noch in voller Baustellenmontur, inklusive gelbem Helm, unterwegs ist. Sympathisch und schlau – die Herren vom Bau.

Der Mann sieht müde aus.

Ein junger Mann und eine etwas jüngere Frau sitzen mir gegenüber in der S-Bahn. Beide wirken etwas nervös, irgendwie pflegebedürftig, wie solche, die man knuddeln möchte, in die Wangen kneifen und ihnen einflüstern: «Ist doch gar nicht so schlimm, dass ihr doof seid.»

Die Bahn ist ziemlich voll und poltert los. Ich glaube, die beiden mir gegenübersitzenden Menschen sind auch voll. Beide haben Bierflaschen bei sich, er Becks, sie Veltins.

Sie trägt so ein Kleid, mit der unsichtbaren Aufschrift «Schlampe», es ist rot und kurz, die Beine hat sie übereinandergeschlagen. Er trägt so eine Militärhose und darüber ein schwarzes Polohemd von Fred Perry. Außerdem trägt er die Haare kurz und den Arsch weit offen. So sehen Neonazis aus, möchte man denken, leider sehen die heute aber anders aus.

Also die beiden sitzen da, sehen sich entliebend und trotzdem irgendwie Verbundenheit ausstrahlend in die Augenpaare, prosten sich mit ihren Bierflaschen zu und nippen an ihren Softdrinks.

Becks atmet, als käme er grad vom Joggen in die Küche, wahrscheinlich starker Raucher. Becks sagt auf einmal, er müsse tierisch pissen. Veltins neigt daraufhin ihren kleinen blonden Zopfkopf in Becks' Richtung, küsst ihn und nimmt einen Schluck ihres Getränks.

Nein, sagt er nochmal, jetzt mit aggressiv schlecht geficktem Nachdruck in der Geröllstimme, die Lage sei ernst, er müsse an der nächsten Haltestelle schleunigst eine Toilette aufsuchen, der Harndrang sei unerträglich.

Natürlich hat er nicht das Wort «Harndrang» benutzt, sondern «Pipi». Ach, meint daraufhin Veltins, als sie 2004 in Dortmund beim Konzert der Böhsen Onkelz ganz vorne standen und sie so entsetzlich pissen musste, da hat er doch auch nicht gehen wollen, also sie mit zum Klo begleiten. Da musste sie doch auch ganz doof im Minirock an ihrem Slip vorbei auf den Boden pinkeln und hat das auch gemacht.

Aufgefallen sei das keinem, der Geruch war ja allgegenwärtig, aber schön sei das trotzdem nicht gewesen.

Schließlich, beschwert Veltins sich mit der Wortgewalt eines Mähdreschers, seien sie jetzt auf dem Weg zu einer coolen Party und in drei Haltestellen wäre doch eh alles geschafft, also warum jetzt der Aufstand. Dann nennt sie ihn noch liebevoll «Weichei» und «Schwachblase» und lächelt debil in ihr Bier.

Becks macht ein Gesicht, als hätte Veltins ihm grad gesagt, dass seine Oma schwul ist oder sein Schwanz klein und dünn. Oder aber als hätte sie einfach nur ein Meerschweinchen beim Putzen imitiert, während er von Problemen berichtet, deren Ausmaß unbeschreiblich schmerzvoll für den Probleminhaber, also ihn, sind.

Er hebt jammernd an, dass ein Unglück geschehen werde, wenn ihm nicht gleich ein Klo begegne. Seine Hände zittern. Sein Gesicht sieht nach Schmerzen aus. Jene Schmerzen, die von innen nach außen drängen, an die Öffentlichkeit wollen.

So können nur echte Männer leiden.

Harn drängelt. Will der Blase entspringen und sich frohlockend weiß-gelb in goldene Keramik ergießen.

«Guck nich' so blöd, du Zecke», verbalkackt Becks dann noch in meine Richtung. Einfach so aus dem Nichts heraus als Resultat eines vielleicht zwanzigsekundenlangen Augenkontakts. «Mach ich ja gar nicht», antworte ich sachlich und versuche eine Ruhe auszustrahlen, die ich nicht habe.

Bloß keinen Sonderschüler provozieren, denke ich mir. Einen, der sogar noch pissen muss, also eh grad seinen ganzen Intellekt benutzt, um vorne unten nicht nass zu werden.

Die S-Bahn ballert. Macht Lärm.

Der provokative Blick von Becks verliert sich wieder raus aus meinem Gesichtsfeld. Der Dialog mit seiner Freundin geht hingegen weiter.

Na gut, sagt Veltins geringschätzig, dann komme man eben zu spät zu Susi und Daniel, und das sei jetzt auch egal, sie wolle eh nach Hause.

Veltins macht ein Gesicht wie ein Verkehrsunfall mit drei Schwerverletzten, von denen einer noch im Umland sein Bein sucht. Becks steht schon neben ihr, schwitzt durch seine Haarwurzeln, die S-Bahn-Stimme sagt, dass der nächste Halt irgendein Tor sei.

Ich kenne mich in dieser Stadt nicht aus, und die S-Bahn-Stimme ist verstimmter als Kurt Cobains Gitarre und lalliger als Bob Dylans Gesangskunst.

Ich lächle still vergnügt über das mir dargebotene Schauspiel. Das Proletariat ist in seiner Lebendigkeit unerschütterlich.

Becks begegnet wieder nur ganz kurz meinem Blick und wird unsicher und dann aggressiv und raunzt zu mir rüber: «Probleme, Penner?»

«Nein», antworte ich lieber schnell und wahrheitsgemäß, aber Becks lässt nicht locker und sagt zu Frau Veltins, dass der Typ, gemeint bin ich, der Typ da in der blöden braunen Jacke gefälligst die Fresse halten solle, sonst würde es klatschen, aber keinen Beifall.

Aber der habe doch gar nichts gemacht, erkennt Veltins richtig, und gesagt habe er auch nichts.

«Aber der guckt mich an und lacht über mich», krakeelt Becks, «und dafür bekommt er jetzt auf die Fresse, der Penner.»

Das sagt er, während der Zug hält, die Türen auf- und wieder zugehen. Aggro-Becks und Beileids-Veltins haben also die Chance auf Erleichterung vertan, dafür ist jetzt die Chance da, dem besten Autor Deutschlands, also mir, auf die Fresse zu hauen.

Becks macht einen Schritt auf mich zu, da bemerkt er, dass er immer noch intensivst pissen muss. In seinem Gehirn kämpfen ABSCHAUM-VERKLOPPEN gegen HARNDRANG-ABSCHÜTTELN und ich kann einfach keinen Sieger ausmachen. Er irgendwie auch nicht.

«Nächster Halt Blumenstraße», verstehe ich aus der alten Lautsprecheranlage.

Den da, also mich, solle er doch in Ruhe lassen, bittet Veltins, er wäre doch grad erst ausm Knast raus und ruckzuck könne er doch wieder drin sein, wenn er jetzt wieder zuschlüge.

«Ach, leck mich, Alte!», knarzt Becksbirne zurück. Der Typ, also ich, würde ihn auslachen und habe dementsprechend «auf's Maul» verdient. Aber satt, so seine Formulierung, satt auf's Maul hätte ich verdient.

Da bekomme ich doch ein wenig Angst, zuerst ein bisschen, dann ein bisschen mehr und dann diese Angst, die einen erstmal stumm macht. Ich bin froh als an der Blumenstraße, die sich aber als Turmstraße outet, noch drei Menschen einsteigen.

Tür auf, Menschen rein, Tür zu, Weiterfahrt. Becks Hass steigert sich, sein Schmerz in der Blasengegend scheinbar auch. Schon wieder 'ne Haltestelle verpasst, bemerkt Veltins die Dummheit Becks, aber der, ja der hat grad andere Dinge zu tun.

Steht da vor mir, hat 'ne grüne Nullkommadreidrei-Bierflasche in der Hand und die kreist irgendwo über meinem Kopf. Ich spüre schon zersplittertes Glas und den puren Hass und den totalen Kontrollverlust und das asozialste aller Gefühle, nämlich stumme Angst.

Die Flasche bewegt sich auf mich zu. Ich sehe nur noch Zeitlupe und dann schaltet eine Kamera in meinen Kopf und da sehe ich meine Mutter, die mich im Kinderwagen lang schiebt, meinen Vater, der von der Arbeit nach Hause kommt und meinen Bruder und mich extremst selbstzufrieden im Playmobilland.

Oh Gott, denke ich, solche Bilder sieht man doch nur, wenn ...

Augen auf. Die Bewegung von Becks stoppt, ein couragierter Fahrgast steht hinter ihm und reißt ihm die Flasche in einer

Kombination aus Eleganz und Gewalt aus der mich bedrohenden Schlaghand. Mein Leben geht in die Verlängerung.

Es steht wieder unentschieden.

Der Typ kann wohl irgendwie Kampfsport, auf jeden Fall dauert es keine fünf Sekunden und der jammernde Becks liegt unter meinem neuen besten Freund.

Mein Puls rast.

Veltins heult rum und jammert in bester Emoweibchenmanier, sie werde ihn nicht im Knast besuchen. Der Held dreht Becks die Arme auf den Rücken, bis dieser fast weint.

Ich stehe auf und sehe vor mir auf dem Boden meinen Fastmörder und meinen Retter. Becks zuckt, sein Kopf wird von meinem neuen besten Freund auf den Boden gedrückt und ich höre nur Wortfetzen wie «Kaputtschlagen», aber auch «Pippi» und «Toilette».

Veltins schreit auch total rum. So eine Art Quieken ist das, wie man es von fröhlichen Ferkeln kennt oder Hamstern, die man zu fest drückt. Um Becks' Leistengegend bildet sich in relativ schneller Geschwindigkeit eine stinkende Urinpfütze, aber mein Held hält auch das aus, sitzt auf dem Rücken von Becks und bringt seine Arme in eine Schmerz steigernde Position.

Die Guten haben gesiegt und ich steige aus, sage jedoch vorher noch zu dem Typen, dass ich mich zu Dank verpflichtet fühle, ihm aber jetzt nicht danke, weil ich Zivilcourage für eine Art sozialistische Selbstverständlichkeit halte.

Der Typ nickt, als wisse er Bescheid.

Dann gehe ich. Stehe. Gehe. Die Zugtüren öffnen sich gerade und ich verabschiede mich vom Schauplatz des Grauens, an dem immer noch ein immens starker schweigender Mann auf einem unverständlich schreienden Inkontinenten sitzt. Das Ganze vor Leuten, die alle geradeaus gucken. Aus dem Fenster oder an die Decke, immer aber weg.

Veltins geht mir hinterher und bietet mir an, aus ihrer Flasche zu trinken.
«Ich mag kein Veltins», antworte ich ihr, «das ist BAH!!!» Ich benutze eine Sprache, die sie auf jeden Fall nachvollziehen kann.
«Du Spinner», keift Veltins und kriegt einen roten Kopf, bleibt am Bahnsteig stehen und heult. Sie tut mir leid, aber wofür haben wir denn in Deutschland Sozialämter und RTL2. Veltins muss doch nicht ewig auf der Straße rumgammeln.

Ich gehe durch eine Unterführung. Es ist kalt. Will ins Hotel. Da ist ein Taxistand, ich lasse mich auf einen vorgewärmten Sitz sinken und nenne stumpf den Namen meines Hotels.
Der dicke Fahrer, der aussieht wie eine Mischung aus Kartoffelsalat und Bastian Schweinsteiger, ist noch sehr jung und das bemächtigt ihn zu der Frage: «Na, schönen Abend gehabt?»
Ich drehe mich zu ihm hin und sage: «Das Proletariat hat auf den Boden gepinkelt und mir seine Ausgeburten hinterhergeschickt.»
Er guckt verwirrt und meint: «Hä?» Er hält mich wohl für irgendwas auf Heroin oder so und macht das Radio lauter. Die sagen da, sie spielen das Beste aus den Siebzigern, Achtzigern und Neunzigern und tun es dann doch nicht – es läuft Brian Adams.

Ich bin schizophren und es geht mir allen gut, danke

«Guten Tag», sagt da so ein Dahergelaufener, «wie geht es dir?» Normalerweise ist das nichts für mich, dahergelaufenen Menschen irgendwelche Auskünfte über meine Befindlichkeit zu erteilen. Also nicht einfach so. Ich denke also darüber nach, über die Fragestellung, und finde sie erstmal undifferenziert, weiß ich doch um den Umstand, in mir nicht alleine zu sein.

Monströse und schwierige Frage, denke ich wahrheitsgemäß und antworte: «Monströse und schwierige Frage», um dann doch zu ergänzen: «Ich bin schizophren und es geht mir allen gut.»

Dann stelle ich dem Wissbegierigen ungefragt im Einzelnen die Leute vor, die da in mir wohnen. Sie bevölkern mich wie ein Miethaus. Sie leben, essen, schlafen in mir. Und sie sind viele, und ich beschränke mich auf die, die in den letzten sieben Minuten eine Lautäußerung gemacht haben.

Da ist zum Beispiel der Rainer: 37 Jahre alt, seit vierzig Jahren Single und Kfz-Mechaniker. Bei Rainer ist es immer Sommer und nie ist sein Blut da, wo es gut wäre, um damit denken zu können.

Es ist Sommer und Rainer mittendrin und er hält es nicht aus diese Arschparade, diese wogenden – keine Ahnung mehr, wie die heißen – und Rainer schreit mich jeden Tag an: «Dieses Sexding wird doch total überbewertet.»

Da ist außerdem die Karin, 25 Jahre alt, Waldorfschulabsolventin, und sie hat gelernt, Dinge abzulegen wie Schwermut oder Logik. Karin tanzt so gern ihren Namen, manchmal sogar ihre ganze Adresse und wer will, bekommt auch ihren Lebenslauf getanzt.

Die Karin töpfert gerne Töpfe auf ihrer Töpferscheibe. Karin flüstert mir manchmal ins Ohr: Ich bin so ultraharmonisch drauf, man bräuchte ein neues Wort für Harmonie, um mich zu beschreiben – pastellrosa Plüschbuddha oder so.

Dann ist da noch Uwe, Alter unbestimmbar, der geborene Verlierer. Er ist haltloser Sozialabschaum, achtlos weggeblasen von Mitmenschen jeder Art.

Dingen wie Uwe passieren häufig böse Menschen.

Uwe ist einer, der die meiste Zeit seiner Hauptschulkarriere damit verbracht hat, mit dem Kopf im Klo zu stecken, entweder weil er fasziniert war von der mystischen Unterwasserwelt, oder weil seine Mitschüler ihn kopfüber dort hineingehalten haben.

Uwe ist so was wie ein sozialer Brennpunkt, ein menschliches Krisengebiet, immer schon gewesen. Uwe sagt beim Frauenanmachen Sätze wie: «Baby, mein Schwanz ist zwar sehr klein, aber dafür auch total dünn.»

Außerdem sagt er gerne, abseits jeder Selbstverständlichkeit und Logik: «Ich hab mich zwar jetzt total verfahren, dafür aber auch sehr teuer getankt.»

Solche Weisheiten sind golden, zumindest von innen.

Als ich Uwe zuletzt weinend in irgendeiner Ecke meiner Seele traf, behauptete er, er hätte einen «Insektenschwarm im Auge».

Außerdem ist da noch die Birte, 42 Jahre alt, Aushilfe im Bioladen und Schnauzbartträgerin. Dabei geht es um so schwarze, harte Fusseln, die sind in Birtes Gesicht, seit sie dreizehn geworden ist. Die sind einfach da und die Schönheit verging trotzdem nie.

Sie sieht ein bisschen aus wie Charlotte Roche, die sich in ein benutztes, zusammengeknülltes und halb gebatiktes Kleid aus Toilettenpapier gehüllt hat. Eben eine Diva mit abgelaufenem Verfallsdatum. Birte spielt gern Gitarre und nimmt gern Drogen, und am allerschönsten wird es, wenn alles zusammenkommt. Gitarrenmusik und Drogen.

Birte ist schön, trotz Schnauzbart, und verwirrt, wegen Schnauzbart, also ist sie schön verwirrt und jetzt irrt sie wieder umher und fragt mich, wo denn das fette Piece sei, dass sie übergestern noch dort hingelegt hätte, und dann träumt sie noch von eleganten Elefanten und nimmt ihre Gitarre und singt ein Lied – und das geht so:

Liedermacherdrogenrausch – Pflanzenraucherpartnertausch
Augenblicksgedankenreise – jeder macht's auf seine Weise
Bioladenglücksgefühle – keine Tenside durch die Spüle
Räucherstäbchenriecherglück – alles ist eins und ich nur ein Stück

Und Birte reimt weiter:
Duschgel bringt der Haut Verfall
Deswegen lass ich's waschen überall
Deswegen kennt niemand mit Glied
Mein allerschönstes Feuchtgebiet.

Und Birte singt:
Atomkraftwerke sind mir fremd
Ich sammel meinen Stuhlgang, keine Frage

*Und den verbrenn ich permanent
In meiner Biogasanlage.*

And the song goes on:
*Ich habe Haare im Gesicht
Auch unter den Achseln stör'n sie mich nicht
Auch hab ich stark behaarte Beine
Und deine Hygiene ist nicht meine.*

Dann ist da noch der Karl, heute Rente, früher Bergbau. Wenn Karl ein Tier wäre, wäre er das Gegenteil eines Kolibris – vielleicht ein Braunbär mit Schildkrötenpanzer. Karl ist mindestens 88 Jahre alt, atmet noch und riecht schlecht.

Er hängt gern über Nachbarschaftsjägerzäunen, die Häuser umzäunen, aus denen die Nachbarn schon vor Jahren ausgezogen sind. Er spricht wenig, mit wem auch und vor allem worüber?

Karl hat einen Lieblingssatz, den er immer nur zu sich selbst sagt: «Ich bin nicht nur alt, sondern auch total kaputt, aber ich habe Hoffnung.» Worauf er hofft, verrät er mir nicht. Vielleicht auf die Wiederholung aller Heinz Rühmann-Filme in der ARD?

Oder einfach nur, dass der Kaffee endlich durchläuft? Oder auf den Tod? Karl schweigt und stinkt. Die Natur ist leise, aber nicht geruchsneutral.

Dann ist da noch Rolf Eden in mir: 80 Jahre alt, sich selbstüberschätzender Playboy, und der wohnt irgendwo in meinem Genitalbereich.

Kürzlich wurde er im Stern gefragt, ob die Frauen wohl noch auf ihn stünden, worauf er dann mit der ihm eigenen Selbstüberschätzung einer siegesgewissen Nacktschnecke beim 110-Meter-

Hürdenlauf antwortete: «Es gibt natürlich auch Frauen, die mich ablehnen, klar. Neulich hatte ich grad ein Mädel bei mir zu Hause, die war neunzehn oder zwanzig und bildschön. Ich habe Klavier gespielt, es gab Champagner. Als es dann so weit war, hat sie gesagt: Seien Sie mir bitte nicht böse, aber Sie sind mir zu alt. Die habe ich jetzt wegen Diskriminierung verklagt.»

Originalzitat!!

Dann ist da noch Sven, Sven ist 28 und Künstler. Er trägt immer so Rollkragenpullover und man sieht immer nur sein halbes Gesicht, und das ist irgendwie immer nur die Hälfte an seinem Gesicht, die scheiße aussieht.

Alles, was er anfasst, geht kaputt oder wird Kunst. Sogar Dinge, die ihm kaputtfallen, nennt er anschließend Kunst. Alles ist Kunst und jeder ist ein Künstler, dass sind so Meinungen, die Sven absondert.

Es geht Sven nicht sehr gut. Neulich hat er eine Installation gemacht und aus den blutigen Eingeweiden von geklauten Laborratten auf der Domplatte in Köln die Mona Lisa nachgemalt. Dann hat er sich ausgezogen und ist nackt um sein Bild getanzt und hat gesungen: «Ja, sie hat mich angelächelt.»

Außerdem ist da noch Andreas – irgendwie gibt es ja überall einen Andreas, manchmal heißt der Andreas auch Michael oder Stefan. Gerade Mitte vierzig geworden, fühlt er sich in der Mitte seines Lebens genauso unwohl wie hinten oder vorne in seinem Leben. Vorn in seinem Leben war viel Dreck, hinten wird auch solcher sein, die Alten erzählen schon davon. Er trägt einen Mittelscheitel. Er ist mittelmäßiger Lebensmittelvertreter, fährt einen Mittelklassewagen, macht Urlaub in Mittelgebirgen.

Alles an ihm ist ausgewogen: seine Ernährung, seine Gedanken, seine Worte, seine Liebe, er selbst. Er behält seine Meinungen gerne für sich, denn es sind ja SEINE Meinungen, und wenn man ihm sagt, wie toll die Party war, was man alles verpasst, wenn man «Wetten Dass» guckt, dann sagt er nur allzu gerne: «... mmmhhhh ...»

Und am Ende bin da noch ich, 25 Jahre alt, irgendwie eine Art Autor, und ich schaue mir dieses Menschenpuzzle in mir an und frage mich, wer die eigentlich alle reingelassen hat.
Und dann sage ich: «Ich bin wie ihr, ich bin wie alle, ich bin schizophren und mir allen geht es gut, danke der Nachfrage. Ja, ich melde mich. Auf Wiedersehen.»
Und dann geh ich, aber wirklich, denn diese Leute nerven schon mal.

IrgendEINgehen
oder

In love with a Schlampe
oder

Emotionsextremismus und ein glückliches Ende

Irgendein besoffener Samstag hinter den Türen des neuen Jahrtausends. Das Wochenende ist für viele immer noch dazu da, sich und ihr Leben zu feiern.

Die meschuggenen Dekadenten werden nicht alle, die Dekadenten, die stilvoll Leben klöppeln schon. Diese Diskrepanz disst in einer Direktheit, die kaum aushaltbar an Tanzflächenrändern Menschen wie den Verfasser dieser Worte stehen lässt.

Deswegen steht er da auch nicht, sondern lümmelt sich auf irgendeinem Sofa aus dem vorangegangenen Jahrtausend, starrt an die Decke und denkt sich seinen Teil.

Discoterror ist anderswo. Zum Beispiel hier. Samstag. Irgendwas nach eins. Irgendwie gefühlte 45 Grad im Arsch und trommelfellkrebserzeugende Laute aus überdimensionierten Beschallungsanlagen. Dazu Licht und Schweiß und Blut und Tränen und den Orgasmus im Kopf – der, der nie kommen wird.

Daher tanzt man, tanzt man sich kaputt und lächerlich krumm. Was soll eigentlich echt mal dieses scheiß Getanze, wozu ist das gut, dieses zeitverzögernde Proletenvorspiel?

Warum nicht die Fickwilligen in die eine Ecke und die nicht Beschlafungswilligen in die andere und dann kann man sich das mit dem albernen Bewegen doch auch sparen. Das ist ja widerliche Synapsenverzerrung und zu nix gut. Ok, die Alkoholindustrie profitiert davon ...

Der Rest ist pure Lächerlichkeit, so pur, dass einem wie mir kalt wird. Ich tanze auch, aber mein Beweggrund für das Tanzen lautet: lauter Punkrock. Aber hier, hier im Vorhof der Hölle ist alles anders.

Lichter zucken und konservierte Musik mit abgelaufenem Haltbarkeitsdatum durchflutet einen Saal, den es von der gut gemeinten Jugend zu betanzen gilt. Die Jugend gibt alles, gibt sich im Allgemeinen mehr als fortpflanzungswillig und betrunkenheitsgeil.

Einige nennen das Kultur, die meisten würden aber so ein Drecksworts niemals in den Mund nehmen. Hier lernt Mensch doch keine Menschen kennen, oder doch? Hier ist doch ein Ort, zusammengeflickt aus Stumpfsinn und Brachialsünde, hier geht doch nichts mit Liebe, oder doch?

Blendend indiependent ist doch hier niemand. Verständnisvoll auch nicht. Everybody on the dancefloor und Körperbegutachtungen gemacht. Das Starren, das Zögern, das Worteerfinden für seltsame Körperteile.

Die Musik ist der Soundtrack zum Untergang des Untergangs. Völlig fröhliche Beats trennen den Verstand vom Gefühl. Guter DJ, der so was vollbringen kann. Kopf aus und ein wenig Tanzliebe durch die Boxen, durch den Saal, durch die Menschen. Durch.

Bewegung. Alles geht an solchen Abenden. Alkohol versenkt sich in unglückliche Köpfe und macht sie zu glücklichen Körpern. Selbstbestimmung verschwindet im Takt der Beats. Er ist hier mit diesem Getränk, daneben sein Freund, ebenfalls trinkend.

In ihren Jeanshosen: Sehnsucht und Bargeld. Hemdträger sind sie beide, warum, wissen sie nicht. Ist ja auch egal, was einen schmückt und beglückt. Sie starren in die bewegte Menge.

Der Freund fixiert heute Abend lieber alkoholisierte Getränke als Menschen in seiner Umgebung. Beim Nebensteher ist es ein wenig umgekehrter. Da hat er ein Wesen ausgemacht, das in ihm ein Lachen entfacht hat. Anmache kann er nicht, also flirtet er im Blickfickstyle. Das heißt, er schaut nur und versucht verruchte Lüsternheit in seine Blicke zu implizieren. Leider ohne Erfolg, denn sie ist gegen seine Fernanmache immun. Der Freund verabschiedet sich auf die Toilette. Ob er jemals wiederkommt, ist fraglich.

Die von fern mit Blicken Angemachte zelebriert ihren Leib in Tanzbewegungen. Sie gebärt endlos Sonnenstrahlen. Sie fühlt sich erotisch. Von ihr geht sexueller Magnetismus aus, könnte sie schwören.

Ihr Kleid umspielt ihre Beine und ihr Abtanzstil ist von einer Erhabenheit, der ihren Körper wild in die Gegend zeichnet. Sie fühlt Blicke auf ihrem Körper, spürt diverse mentale Penisse anklopfen, deren Besitzer sich an der Betrachtung der Tanzenden ergötzen.

Tanztempel.
Menschenkrempel.
Da zucken Leiber, bewegt von Licht und Musik. Beide sind sie hier, er und sie, und wie spricht man denn wen an, von dem man

nicht will, dass er danach weitergeht, weiterlebt mit anderen, weitermacht mit irgendeinem Scheiß, der einen selbst nichts angeht. Wie tut man so was?

Er wagt es trotzdem: «Du schwitzt so wunderbar, das finde ich sexy.» Ihre Antwort ist ein Kuss in die Mitte seines Gesichts, dem Sitz seiner Seele. Der Kuss trifft wie eine Kugel und wirkt wie ein Schnellfeuergewehr in den Händen eines Terroristen.

Bedrohlich und auslöschend. Der Kuss beinhaltet ihrerseits keinerlei Botschaften, er aber denkt sofort an Fortpflanzung und die entsprechenden Organe folgen ihrer Bestimmung. Plötzlich.

Hormondisco.
Gedankenpogo.
Die ultimative Verliebtheit in einen Geist, der von einem wundervollen, natürlichen Körper ummantelt wird. Da standen die beiden und wussten nichts mit sich anzufangen in der Tanzgarage. So auf der Tanzfläche und alles nur noch Liebeslieder, die leise wie rosa Regen ins Gemüt tropfen und gegenseitige Interessantheit vermitteln. Sie nahmen sich an diesem Abend mit nach Hause, gegenseitig, und beschliefen sich, bis alles nur noch wehtat vor lauter, lauter Liebe. Sie sah ihn als Pokal auf der ewigen Bestenliste der vaginalen Räumungskommandos und er erkannte seine Blindheit und die Gewissheit darin, dass es Menschen gibt, durch die man sehen kann. Durch die man gehen kann. Die niemals gehen dürfen. Das erkannte er für sich nach drei Küssen.

Von ihren Lippen regnete es keinerlei Versprechen, nur die Party des Augenblicks.

Was dann folgte, war ein glänzender Sommer für ihn, für sie war es lediglich eine gelungene Abwechslung im Wechselspiel des Geschlechterkampfs. Sie ist es gewohnt, durch ein Meer von Penissen zu waten, und sie ist es ebenso gewohnt, dass Geschlechtsorgane brennen und jucken.

Der häufige Wechsel der «Organspender» hat sie kalt und dreckig gemacht. Kalt von Herzen. Und den Dreck wird sie auch nicht los, der ist überall, riecht nach irgendwas zwischen Mentalvergewaltigung und Sekundenerfüllung.

Zwischen diesen beiden Polen hat sie ihr Sozialleben konstruiert und es hat sie anfangs verwirrt, schlampenartig wahrgenommen zu werden.

Nur als das dann in ihr Bewusstsein kam, dass sie ja eigentlich nicht mehr ist, nie mehr sein kann als eine verdammte Schlampe, da war es nur noch ein kurzer Prozess und die Gewohnheit klebte an ihrem Körper wie die zuckenden Leiber schwanzgesteuerter Bewusstseinsloser. Sie hatte viele Geschlechtsteile in sich, zu viele, um zu erkennen, dass auch mal eine Liebe anklopfen mag, die tiefer will als in den gewöhnlichen vaginalen Gang.

Seine Liebe hielt er konstant aufrecht.

Er glaubte, seinen Menschen gefunden zu haben, den Menschen, der dieses Topf-und-Deckel-Syndrom für ihn symbolisiert. Er glaubte so fest daran, dass da ein Leben ist in der Finsternis der undurchsichtigen Liebe und dass dieses Leben erfüllende Sinnlichkeit entstehen lassen kann.

Kleine Feuer entzündeten sich auf seiner Haut, wenn sie ihn berührte. Und das machte auch sie gerne, denn die Haut des immer Fremden, aber durchaus unterhaltsamen Menschen war etwas Warmes.

Aber auch ein Schnitzel ist was Warmes und das isst man einmal auf und will es dann nie mehr wieder sehen …

«Die Mutter meiner Ratten ist ja so was von tot», hat sie mal gesagt und er hat sie in den Arm genommen und an den Tagen danach auch die kleinen Babys sterben sehen. Aber die beiden Menschen in Liebe haben es verwundet überstanden.

Kleine Gräber in fremden Vorgärten, die sie in Nächten epochaler Trauer anlegten, sind Zeuge dieser Liebe.

Einer der letzten guten Menschen. Ist er? War sie? Ist sie heute noch? Was macht eine Vogelfamilie, wenn sie erkennt, dass der Ast morsch ist, auf dem sie ihr Nest gebaut hat?

Die Absturzgefahr ist allgegenwärtig. Für alle. Unsicherheit. Sicher ist nur das Ist. Mehr nicht. Lediglich das Sein für alle in allem.

Die Liebe stiehlt sich davon, geht durch die Hintertür nach Hause, wo sie ihre Kinder versorgt. Die kacken noch ins Nest und wissen nichts, außer dass sie Kinder der Liebe sind und sowieso irgendwann sterben werden.

Vergänglichkeit durch alle Poren des Seins nach draußen geschwitzt. Die Kinder lachen, die Kinder lachen.

Sie wissen noch nichts.

«Ich sage Sätze, die ganz nah an lebenswichtigen Organen geboren werden», flüsterte er noch, aber sie, ja sie hatte sich schon emotional so weit abgewandt, dass sie eigentlich gar nicht mehr im selben Raum war, eigentlich schon gar nicht mehr im selben Universum.

Die Unendlichkeit starb in dem Augenblick als Augenblicke nicht mehr ausreichten, um ihr Leben zuzuführen, der Liebe im Dreck. Die windet sich da unten, schlängelt sich zertreten durchs Zimmer und ihr Ende naht.

Er weiß keine Regung, die jetzt passen würde. Er steht da mit diesem Gefühl, das sagt: «Auch wenn man alles richtig macht, kann es sein, dass man das Wichtigste vergisst. Liebe ohne Rahmen. Liebe, von der einem schlecht wird. Sie, ja sie ist auf dem Weg, schon so lange, er nur eine Station, ein Bahnhof, eine Zwischenmahlzeit, irgendeiner. Was jetzt noch sei, dies zu fragen, erübrigt sich.»

«Leiden wächst dort, wo wir nicht fühlen wollen», hat sie mal gesagt, zu einer ganz anderen Zeit. Gemeinsamzeit in einem holländischen Zoo. Ein Affe fiel vom Baum und sie zog langatmig an einer Zigarette, die leise knisternd erst zu Glut, dann zu Asche wurde, und sagte eben diesen Satz.

Die das Paar umgebende Stille ließ zu, dass das Knistern ihrer Glut in seine Blutbahn überging und die dann Feuer fing vor lauter Verliebtheit in die rauchende Schönheit.

So was hat ihn immer tief getroffen. Hinter seiner Mauer der Coolness war er aber auch immer der, der langatmig an Filterzigaretten Rauch in seine Lungen sog, und nur nickte, wenn sie solche Sätze sagte.

Sie schwingt Sätze aus ihren Gehirnwindungen einfach so in die Freiheit. Sehr geringer Nachdenkprozess lässt eine philosophische Hochwertigkeit in die Realität frei, die vor Unglaublichkeit nur so strotzt. Vielleicht liegt das auch an ihrem erhabenen, elitären Bildungsgrad?

Oder an ihrem Schlampendasein?

Kleine Mädchen, die wie sie aussehen und dann auch noch Philosophie studieren, sterben entweder mit 24 oder werden irgendwann Allerweltsgöttinnen.

Der Tag im Zoo, der fallende Affe, die abartig langsam sterbende Glut, die zu kalter Asche wird, all das sind Metaphern, die ein Leben wärmen.

Gewärmt haben.

Vom Kopf bis zum Enddarm fühlte er sein Leben stetig wachsen. Nie mehr zögern, dachte er noch in das Vergnügen des zärtlichen Tages hinein. Dennoch zögerte er bis zum Ende.

Mauern der Coolness sind schon mal unüberwindbar. Ein offenes Liebesgeständnis gab es nie, er hielt es nicht für nötig als Inhaber einer Mauer der Coolness. Aber das Ausmaß der Liebe zu begreifen, das verstand er nie so recht ... das Ausmaß anzunehmen, zu akzeptieren, dass Liebe blühen kann wie ein Tulpenfeld, so farbenreich und so wunderbar riechend wie eine Almwiese im Frühling ...

Eine Honignote ins verklebte Leben gießen, er hat es versucht ... Sie geht, sie schleicht, sie weiß, was sie verliert, und verliert es gerade sehr gerne ... Da fällt es runter, dieses ballaststoffreiche Männlein, fällt runter von ihr und macht einen Weg frei, den es nun zu beschreiten gilt.

Die Mauer der Coolness stürzt derweil ein. Einzelne Steine fallen aus Selbstmitleid in sich zusammen. Steine werden von Gefühlen zermartert. Zerfließen in emotionaler Hitze. Einfach so, weil er fühlt ein Nichts zu sein, mit Nichts in den Händen, das pure, aller reinste Obernichts. Supernichts. Vorweisen kann er nur das Leid von einem, der es nicht besser weiß.

Tage danach in Bettenburgen. Gefesselt an Gedanken an sie. Der Kerker der Erinnerung.

Folter, Folter, Folter.

Sein Abhängen in diesen Gefilden ist das Abhängen eines noch lebendigen Stück Fleisches. Nur unterbrochen von der Notdurft der Lohnarbeit (was ja schon viel ist) oder der Nahrungsaufnahme (was immer weniger wird) oder der Abgabe in die Kanalisation (was erschreckend dünn geworden ist ... Stuhlproblematik ... stressbedingt).

«Kann ich Wände anschreien?», fragt er sich dann noch, obwohl er genau das den ganzen Tag tut.
Schweigend schreiend.
Leidend verweilend.
Verzweifelnd begreifend.
Tot existent, ein Sinnbild verbrennt. Stagnation. Stagnieren, seit Tagen tut er nichts anderes. Die Wände sind so stumm wie immer.
Schweigende Zeugen des Untergangs. Der junge Mann sieht an sich runter. Da erkennt er einen Körper, den sein Willen mal steuern konnte. Er erkennt eine Gestalt, die eben noch in den Händen einer wunderbaren Frau geschwungen wurde. Sie hat auf seinem Körper gemalt, sie hat ihn durch bloße Berührungen zu einem lebenden Monument, zu radikaler Großkunst werden lassen.
Sie hat ihn gespielt wie ein Instrument. Er sieht erneut an sich runter. Liegend. Sieht die verwesende Leichtigkeit und etwas, das aussieht wie Schmelzkäse. Sieht sich langsam verkümmern. Unter den Trümmern seines Seelenschmerzes. In der ureigenen Egotrauer.
Dadurch. Alleine.

Und er beobachtet die Veränderungen des Zimmers wie die seiner Person.

Bart sprießt, der Holzfußboden verändert seine Struktur, wenn man ihn nur lange genug anschaut. Das Leben kann nur eine Lüge sein, kann nur ein Irrtum, ein geistiges Versehen sein.

Schmerz, Schweiß, Scheißgeruch. Er sollte mal putzen. Zumindest den Mülleimer leeren, nein besser entsorgen, denn darin lebt es bereits. Darin ist mehr Leben als in ihm. Ja, darin ist Tanz und lustiger Wahnsinn, der Fäden zieht.

Pilzbefall.

Ist die Wahrheit ein gebildetes Gebäude oder der Zerfall von Wirklichkeit minus Frohsinn? Zeit vergeht, Zeit verkommt.

Da endlich kommt ein bisschen Hoffnung durch das Fenster, vor dem lediglich Gespenster in Menschenuniformen ihre Bahnen ziehen. Die Hoffnung ist klein und unsichtbar und setzt sich auf die Bettkante. Sitzt da, er möchte sie umarmen und sie dann totficken, aber Pädophilie liegt ihm nun mal gar nicht.

Eine Bekannte aus Berlin hat ihm mal gesagt, so erinnert er sich gerade bei der Betrachtung der Hoffnung, dass es in Berlin in einigen Gegenden ganz gewöhnlich ist pädophil zu sein und man manchmal schon schief angeguckt wird, wenn man ohne geifernden Blick an Spielplätzen vorbeiläuft, hinter einem die Eile und vor einem der Wahnsinn.

Er ist froh, nicht in Berlin zu leben, aber da, wo er jetzt lebt, ist der Schmerz zu Hause. Vielleicht könnte die Geschwindigkeit Berlins das aufessen, das fiese Schmerzgebilde. Wenn man sich in rasanten Gegenden aufhält, vergeht der Schmerz doch in der Geschwindigkeit der Umgebung, oder?

Auf nach New York, Motherfucker ... Er leidet weiter ...

Nun, da sie fort ist, bilden sich Gedanken, manchmal in Tränenform wie kotgetränkte Sprechblasen aus der Vergangenheit. Das, was er Beziehung nannte, war doch ewig auf der Flucht vor ihm. Die Unkenntnisse in Gestalt einer Zweierbeziehung. Das macht ihn fertig und große Löcher in sein Bewusstsein.

Lebendigkeit im Kummerkasten.

Er ist ein Briefkasten, gefüllt mit Beschwerdebriefen und Mahnungen des Lebens. Alles an seine Adresse. Alles und immer auf die Fresse und alles ins verseuchte Herz, das doch nur versucht zu bleiben, weiter in Beständigkeit zu schlagen, nicht aufzuhören mit diesem Geschlage.

In ihm klingelt ein selbstzitierter Beziehungsenderatgeber. Wie ein altes Telefon klingelt da die Erinnerung und einige ureigenste Gedanken zum Thema Umgang mit Selbsthass und «Was tun, wenn Apokalypse?» kommen wie frisch gezappt in die gute Gehirnstube gefegt.

Das Leben kann sich auf einen stürzen wie ein ausgehungertes Raubtier, Bisse und Hautabschürfungen zufügen und dann einfach so tun, als wäre weniger als nichts gewesen. Und dann schleicht das Leben einfach so weiter, geht zitternde Schritte in Richtungen ohne Licht, das blöde, alte, ausgelaugte Leben.

Wie konnte er denn nur erneut diesen Fehler machen, sich auf jemanden einzulassen, den er wirklich liebt? Das Desaster ist die Quittung ohne Mehrwertsteuer.

Die Hölle ist bewohnbar, weiß der junge Mann, wusste er doch schon immer, und er sieht sich nicht mehr jung bleiben, sondern in seinen eigenen Augen rasant altern.

Jene Mischung aus Hardcore und Personality Show bemüht freilich den heiß geliebten und zugleich verachtbaren Kitsch, der sterbenden Lieben zuweilen anhaftet. Und nun ist es ja so weit.

Mal wieder. Aber da kommen Erinnerungen, vermehren sich im Kopf. Der junge Mann sitzt auf seinem Bett, das, wie er meint, noch in minimal wahrnehmbaren Nuancen nach ihr riecht.

Man unterhielt sich oder vielmehr er sie, weil sie sich irgendwann für Barbie und Ken hielten.

«Baby», begann er den aufkeimenden Stumpfsinn, «Baby, ich habe ihn interviewt.» Sie lagen auf einer Sommerwiese, die Zärtlichkeit einiger seltsamer Pflanzen war ganz nah und gut riechend spürbar und die Gestalt der Wolken wollte unbedingt benannt sein.

Ein lauer Wind überflog die Szenerie und irgendwo summten relativ nervtötend Hornissen oder andere Schädlinge durchs Universum. Das Paar hatte einen Sixpack mit gutem Bier dabei und sie genossen ihre gegenseitige Gesprächsbereitschaft.

«Wen?», fragte sie und zauberte einen Kinderblick in ihr Gesicht, der jeden Pädophilen sofort hätte abspritzen lassen.

«Na, den Ken, den Plastiklover der Barbie. Warte, ich les es mal vor.» Sie war ganz Ohr und er erhob die Stimme. «Also, wir trafen uns im Schatten des Traumhauses und Ken war wieder mal total fertig. Wir setzten uns auf diese rosa Liegen unter diesem lila Sonnenschirm und Ken hatte zwei Weingläser mitgebracht, wovon er mir eins reichte. Unter dem Arm hatte er eine Weinflasche. Ich wollte sofort loslegen und machte das dann auch.

Ich: Ken, Sie wirken gestresst, für einen Mann in Ihrem Alter ist das gefährlich ...
Ken: Scheiße, ich weiß, aber wohin soll ich mit meinem ganzen Seelenmüll. Immer bin ich der, der seine Fresse und seinen Arsch hinhält, ja hinhalten muss ...

Ich: Therapiewürdiges Leben, was Sie da führen. Lassen Sie mich raten, die Frau ist schuld?

Ken: Na, wer denn auch sonst! Meinen Sie, wenn ich mit den zwei anderen Kens, die hier noch irgendwo leben müssten, jeden Tag einen Saufen gehen könnte, dass mein Leben dann auch so kacke wäre?

Ich: Aber, Ken, Alkohol ist keine Lösung, höchstens ein Mittel, das Sie weiter nach unten zieht ...

Ken: Dessen bin ich mir durchaus bewusst, aber Realitätsverfremdung steht grad an allererster Stelle, ich kann nicht mehr ...

Kurze Pause, Ken trinkt drei Gläser Wein auf Ex, seine Gesichtszüge sind immer noch dieselben, die harte Sau verzieht keine Miene. Obwohl da eine Trauer in ihm wohnt, gegen die Stahl wie Gemüsesuppe ist. Der Mann ist am Ende ... am Ende seiner Kräfte ...

Ken: Das Leben ist ein Minenfeld und Barbies Partner zu sein ist Krieg. Das tagtägliche Heraustreten aus der Sicherheit des Schützengrabens, das macht es so unerträglich anstrengend ...

Ich: Können Sie mir das näher erklären, Ken?

Ken: Klar, das kann ich. Sehen Sie, meine Rolle ist absolut unterbewertet und ich habe niemals die Chance ihr zu entfliehen. Ich bin lediglich Marketingmüll und wäre doch so gerne eine männliche Identifikationsfigur. Stattdessen bin ich der, der Barbies Traumauto einparkt, mit ihr auf dem schwulen Pony rumreitet und sie zum Einkaufen begleitet, um ihren Konsummüll heimzuschleppen.

Ich: Klingt wirklich saüübel, Ken.

Ken: Ist es auch, ist es auch. Ich habe Depressionen und nichts hilft, kein Medikament, das mir mein Neurologe ver-

	schrieben hat, zeigte auf Dauer irgendeine Verbesserung. Ich kann nicht mehr, haben Sie mal Feuer?
Ich:	Sie sollten nicht rauchen Ken, Sie sind aus Plastik.

Ken steckt das kleine Päckchen Camel Filter wieder in sein pastellgrünes Jackett ...

Ich:	Ken, Sie laufen jetzt seit über 30 Jahren mit demselben Gesichtsausdruck rum? Auf mich wirken Sie sehr gestört ...
Ken:	Wie gesagt, meine Psyche ist so kaputt, mich könnte man eigentlich wegschmeißen. Mir geht's auch nicht gut. Sehen Sie, ich habe weder ein Geschlechtsteil noch einen eigenen Willen ... In meiner Welt regieren Models ...
Ich:	Oh Gott, wie schrecklich. Aber diese Barbie? Lieben Sie sie?
Ken:	Diese materielle Schlampe kann mich mal. Für sie sind materielle Werte wie Traumhaus oder Pony wichtiger. Außerdem kann sie nicht Haushalt ...
Ich:	Ken, Sie tun mir leid, irgendwie sollten Sie sich als Mann befreien. Haben Sie Träume?
Ken:	Ja, Traumhaus abfackeln und dann Urlaub mit Polly Pocket ...
Ich:	Polly Pocket, meinen Sie, mit einer weiteren Plastikschlampe machen Sie einen Gewinn ...?
Ken:	Ich habe mir sagen lassen, sie hat Genitalien ...
Ich:	Ken, ich danke Ihnen für dieses Interview.
Ken:	*heult bereits in sein Weinglas ... (aus Plastik) ...* Ich kann nicht mehr ...»

«Das ist wirklich ein fundiertes Interview», sie spuckt Bier auf die Wiese, weil ihr das Lachen aus dem Gesicht fällt und sie zur schönsten Frau des Universums werden lässt. Der junge Mann lächelt ebenfalls, lässt den gerade vorgelesenen Zettel zu Boden gleiten, und da war es wohl dann, das, was man Verständnis nannte.

Die Erinnerung an die Wiese ist eine, die zerbrechlich macht. Und zwar mit aller Macht. Jetzt raucht der junge Mann im Bett und heiße Asche fällt ihm auf den Bauch, aber da ist kein Schmerz, denn innen ist mehr Schmerz, als diese lächerliche Glut jemals erzeugen könnte.

Die Hoffnung sitzt übrigens immer noch in einer leicht gebückten Haltung auf dem Bettrand. Stumm. Sie will nichts, außer ergriffen werden und dann ergriffen machen ... Sie will begreifbar sein, die alte Hoffnung, und erkannt und mitgenommen werden vom jungen Mann, er aber, er denkt weiter Unzuversicht in sein sich erinnerndes Gehirn. Prozesse, die Biochemie heißen. Kleine Lähmungen in den Füßen und Fingern, aber das Gehirn ist hellwach. Leuchtet.

Er erinnert sich weiter, an weitere Szenen, etwas tiefer, etwas später ... aus der Mitte ihrer Zeit ...

Sie waren zu Tisch in einem vegetarischen Restaurant. Schon beide ein wenig angenervter als auf der Sommerwiese. Er sieht sie nur noch an Wochenenden, weil sie ansonsten deutschlandweit studierend unterwegs ist, trotz Studiengebühren und Repression.

«My unfair Lady», denkt er und fühlt sich total kultiviert, als er was mit Auberginen bestellt, nur um einen beschissenen Witz machen zu können. «Baby, was ist eigentlich das Gegenteil von Aubergine?», fragt er halblüstern über den Restauranttisch und hört sie leicht angenervt zurückwispern:

«Was weiß ich, Antischocke vielleicht?»

«Ne, die Untergine, natürlich.» Dass dies lediglich für ihn lustig ist, bemerkt er erst, als es zu spät ist.

Sie essen, sie kauen, sie verdauen ihre Zweisamkeit, teilen nahezu schweigend diesen Tisch und fragen sich, wo denn wohl die Verliebtheit ist, ob die noch in diesem Restaurant ist oder ob die draußen wartet oder ob sie nur eine Rose weit entfernt ist, die verschenkt werden könnte.

Fragen, viele Fragen treffen auf zwei Personen mit zu individuellen Leben ... Es geht weiter ... Schritte in Richtungen, ganz verschieden ... links, rechts, geradeaus, aber vor allem: abwärts ...

«Warum hast du dem Typen denn gesagt, dass du Single bist?» Entsetzen in seinen Augen, ob dieser gehörten Wahrheit auf einer trunkeligen Party.

Überall Studenten, die alles studieren und nichts wirklich wissen. Die Küche ist voll, der Tequila ist leer. Irgendjemand kommt immer von rechts, argumentativ oder vom Klo, scheiß Party, scheiß Sprüche.

Er hat feuchte Augen und sucht mit seinen ihre Hände. Sie fühlt nichts und sagt: «Ich fühle nichts.» Versteckt dabei ihre Hände, provoziert das Drama, facht an das Feuer der Tragödie.

«Du fühlst nichts? Für mich?» Die überflüssigste Frage des jungen Mannes seit der Frage: «Warum bin ich ein Mensch und kein Roboter?»

Sie nickt, tränenlos, während sich seine Augen mit diesem Wasser füllen, an dem Menschen erblinden können. Sie steht nur da und guckt, zieht an ihrer Zigarette, er bekommt keine Luft mehr, denn die Frau, die er liebt, der er Kinder in den Leib pflanzen wollte, der er ein Leben schenken wollte, das sie glücklich macht, diese Frau fühlt einen Dreck für ihn. Besoffenes Gelächter um die beiden ... Jetzt will sie ihn berühren und das ist zu viel, alles viel zu explosiv.

Er beginnt sich mit der linken Hand Distanz zu ihr zu schaffen, während die rechte eine Faust schafft, die eigentlich ihr Gesicht bewohnen sollte, aber nur auf einen nebenstehenden Tisch knallt.

Erdnüsse, Biergläser. Fallen. Splitter auf dem Boden.

Ein WG-Bewohner guckt trübe. Er wird den Scheiß sauber machen müssen.

Es kommt eine Stille geflogen. So leise.

Alles ist nur noch Zeitlupe für ihn.

Ihr Blick, der sich verdreht, dann der Typ, der ihn anbrüllt und dessen Satz irgendwas mit «verrückt» beinhaltet. Sie geht langsam weg. Ihr Umdrehen mutiert zu einer Ewigkeit, dann wird ihr Arsch, den sie durch die Tür trägt, hinter der eine Ungewissheit wohnt, die er nie einschätzen können wird, immer kleiner.

Ihr Duft tanzt.

Tränen.

Tränen tanzen in seinem Kopf. Männerstolz verbietet zu weinen. Es ist so.

Sie geht einen Weg, der nicht mehr seiner ist. Den Weg weg in Unbestimmtheit. Eine Art große Sache fällt in sich zusammen.

Er erinnert sich noch an die Wohltat des Alkohols, des Nikotins und des Marihuanas in dieser Nacht und an das Kotzen, Heulen, Stummsein in den Morgenstunden und den ganzen Sonntag lang.

Dann weitere Tage, immer mindestens zwanzig Fragen ohne Antwort und irgendwann hieß es: «Sterben ist die Antwort, aber wie war noch mal die Frage?!»

Tage später in seiner kleinen Wohnung kommt sie und holt eben die Sachen ab, die da noch sind. Sie lässt ihre Zahnbürste unkommentiert stehen, entschwebt und dann war alles tränendurchflutet – Mozart.

Sie geht. Langsam, leise, engelsgleich. Während sie sich erhebt und langsam entschwebt, verbrennt der Seele Inhalt in einem isolierten Gefrierbeutel.

Begleitet von einer Musik, nur in seinem Kopf hörbar. Serenade No. 10 Adagio, Mozart. Zitternde Streicher fahren ihre überflüssig melancholische und melodische Vielfalt in sein Zentrum.

Da, wo er eigentlich alles steuern konnte, was ihn berührte. Sein emotionaler Schutzwall ist durchbrochen. Die Mauer der Coolness eingerissen.

Ihr Blick fliegt noch im Raum und malt gemeinsam mit ihrem Duft ein Gemälde in die Atmosphäre, das zu Begreifen über seinen Verstand hinausgeht. Schönheit verlieren, Sentimentalität aufgeben müssen, kein Zurück.

Ihr Schritt, die Tür.

Die Tür fällt ins Schloss und bestätigt ihr Dahinschleichen. Ihr Wegflattern. Sie ist wie ein Flugblatt, schwerstens beschriftet mit guten Worten, die von Liebe, Ejakulation und Hoffnung auf Zukunft in Kuscheligkeit handeln.

Draußen zelebriert ihr Auto das abgefahrenste Abfahrtsgeräusch. Es klingt ernst, wie sie da so fährt, entgegen jeder Hoffnung.

Es ist aus, aus, aus. Aber sein Bewusstsein will halten, was da geht. Das Bewusstsein schreit auf vor Schmerz und will sich zum Schlafen hinlegen, ist aber so wach wie nach fünf Nasen Speed.

Hochgeschwindigkeitsdenken.

Sie. Geht.

Und danach geht nichts mehr.

Und jetzt? Und was ist jetzt, nach Abruf dieser Erinnerungen? Jetzt, da auch die Realität wieder erkennbar ist. Dem jungen Mann geht es etwas besser.

Die Hoffnung blickt ihm in die Augen und umarmt ihn, sagt, es werde gut, also alles werde gut, wird gut werden. Der junge Mann glaubt der Hoffnung ein wenig, hat aber eine Grundskepsis. Die rührt vom Fallenlassen und Verlassenwerden in steter Abfolge.

Liebe und Seelenfrieden sind für den jungen Mann Worte, die er nicht in einem Satz auszusprechen vermag, außer der Satz hieße: Liebe und Seelenfrieden sind ein eklatanter Widerspruch.

Er sitzt weiter auf dem Bett, starrt an die Wand und weiß nicht, wie ihm werden soll mit all diesen Gefühlen in ihm, diesem Cocktail of Emotions. Zwei Finger breit Hoffnung gemischt mit Trübsal, Depression und zum Abschmecken seine leidvolle Persönlichkeit, die so was hier nicht zum ersten Mal durchmacht.

Die Schwäche ist aber geblieben und jedes Mal fehlt es dem jungen Mann mehr und mehr an der Fähigkeit wirklich zu lieben.

Sich einzulassen wird immer schwieriger.

Und doch sind da diese Hoffnungsschimmer, dass es irgendwo jemanden geben muss, jemanden, den er als seinen Menschen bezeichnen kann. Aber er erkennt auch, in jedem Splitter Erinnerung erkennt er auch die Botschaft, die solche Geschehnisse in sich tragen. Alleinsein hat eine Güte.

Musik hat ihre Vagina berührt. Und etwas anderes, ein Finger oder ein Baumstumpf oder ein Feuerlöscher. Sie ist derart off, dass es ein neues Wort für «gefühlskalt» braucht.

Ein Wort, das unter 50 Grad minus fühlen lässt, eines, das ausdrückt, was in der Arktis oder in Ostdeutschland los ist.

Während bei ihm wieder Feuer angehen, die Hoffnung und Frohsinn verheißen, ist sie wieder in Nächten ohne Schlaf unterwegs, mit der Billigkeit der Selbstprostitution und ernstgemeinten Verlustängsten bezüglich der eigenen Seele.

Die verliert sie hin und wieder im Dreck und im Rausch und dafür tauscht sie sich die Täuschung vom Leben. Sie kennt es aber nicht anders, als genauso zu sein. So klein und stumpf und im Gefühlshaushalt fehlt immer Geld oder Milch, und die kleine Wohnung, die sie Körper nennt, hat viel zu oft Besuch von völlig fremden Menschen. Und diese ruinieren ihre Wohnung, weil sie lediglich billige, besoffene Feste darin haben und alles zerstören, was ihnen im Weg steht.

Der junge Mann ist mit dem Wissen, geht wieder in Städte, geht wieder feiern, lässt es sich am Abgrund des Lebens gut gehen, weil er weiß, dass er nicht fallen wird, und er weiß auch, dass an der Eingangstür zum Weiterleben die Realität wartet und die ist nie schlimmer als das Sterben.

Fühlen, wie es seine Art zu fühlen ist, hinterlässt grobe Narben auf lustigen Seelengebilden. Die Seele wird ewig weiter deformiert und endet als fetter Klumpen in einem Eimer aus Scheiße, aber bis es so weit ist, lebt der junge Mann ein Leben.

Leben heißt doch auch Abwendung von der bloßen Existenz und die Kapitulation vor der eigenen Wichtigkeit. Der junge Mann ist auf einem Weg, all das zu begreifen, und das Leben schmeckt in diesen Tagen der Erkenntnis wie das Fruchtfleisch eines alternden Pfirsichs.

Immer noch süß und trotzdem so voller Erfahrung. Dann kam ein Splitter Stolz zurück. Er drang langsam in die Haut am Unterarm des jungen Mannes ein.

Der Stolz hieß nicht Heroin, wie man jetzt irrtümlicherweise vermuten mag, sondern Selbstüberzeugung. Der junge Mann kniff sich in den Unterarm, um zu spüren, ob er noch ein Mensch mit Gefühlen war.

Der junge Mann war im Begriff seine Verwesung zu beschleunigen, aber jetzt, da er weiß, was so ein Leben wert ist, und da er weiß, was so ein Mensch, dem man selbst aus den Augen guckt, wert ist, und dass es wert ist, diesen Menschen und alle Menschen, die es ehrlich meinen, zu schützen, seit dieser Sekunde blüht wieder Leben im jungen Mann.

Sie hingegen, deren Vagina von Musik und anderem berührt schien, liegt da und grämt sich der juckenden Krankheiten am Unterleib.

Der ungewaschene Zeitsoldat hatte einen seltsamen Ausschlag am Glied, aber der Sieg der Geilheit war ein intimes Fest wert. Und so feierten sie weniger als eine Minute, dann Genitalspülung und gleichzeitig das Einsetzen eines Juckreizes.

Die Schamlippen haben noch keine Penisallergie, aber es wird Zeit, klingelt es in der erwachsenen und trotzdem kindgerecht verspielten kleinen Frau, doch sie überhört all das Klingeln in ihrer Seele und will beschlafen werden, bis das Jucken aufhört.

Da sieht man auch, wo die Grenzen des Verstandes versanden.
Abgrund.
Ende.

Als die Tränen des jungen Mannes getrocknet waren und er den Blick auf das Wesentliche des Lebens sein eigen wieder zu nennen vermochte, kroch ein Virus in die junge Frau, der von zu viel vaginaler Musik zu kommen schien.

Der Virus war so einer, mit dem nicht zu spaßen war. Er schaltete langsam, aber grundlegend sicher die Immunität der Frau ab.

Irgendwann starb die Frau auf einer Intensivstation eines städtischen Krankenhauses.

Die Lunge voller Wasser,

das Herz voller Sehnsucht und Scheiße ...

Poesieteil gegen Grammatik und Freunde
oder

Lest mehr Gedichte (als ihr könnt)
oder

Sprachterrorismus in der Vergangenheit
oder

Wie ich Lyriker wurde und mich trotzdem hasste
oder, oder, oder ...

Ich wollte auch mal Dichter werden. Das waren so meine Sprachgebrauchsanfänge, da wollte ich nur Gedichte, perfekte Gedichte, nicht nur so Versuchspoetik.

Jedes Wort in einem meiner Gedichte, die ich schrieb, als ich sechzehn war, hatte mehr bohemian style als alle David Bowie-Platten zusammen. We could be poets und fast bin ich einer geworden. Letztendlich aber gut, dass es nicht geklappt hat, aber ich entschuldige mich für nichts.

Es war sehr spannend damals, da war ich so sechzehn oder achtzehn und wollte unbedingt Musik machen, und zwar irgendwie Metal oder Punkrock, irgendwas auf jeden Fall, zu dem man in aller Ausgelassenheit zu Tanzen imstande sein sollte.

Mit Schlagzeugen, die Schädel zertrümmern, mit Erdbeben erzeugenden Bassfrequenzen, mit Gitarrenwänden, aus denen man

Fertighäuser hätte erbauen können. Also erbauen und gleichzeitig wieder abreißen.

Zerstörung war in meiner Jugend immer ein wichtiger Faktor. Was nach einer Party nicht kaputt war, gehörte entweder einer Frau, die ich mochte, oder aber war irgendwo festgemacht und meine Körperkraft reichte einfach nicht zur vollständigen Zerstörung aus.

Manchmal fand ich mich wieder, zugekotzt und eingekotet, auf irgendwelchen ehemaligen Schrebergärtenplätzen, die nur noch Asche und Altglas waren. Ich weiß nicht, was mich und meine Freunde trieb, aber ich weiß um den damaligen Spaß.

Zerstörung.

Zerlegung war doch lediglich das neue Zurverfügungstellen von Raum. Konnte was Neues entstehen, aber auch Ärger.

Ich habe mich sehr viel und sehr, sehr ausdauernd mit der Frage beschäftigt, was das denn überhaupt ist so ein Gedicht, und was es können muss.

Reime haben mich immer gestört, haben mich behindert, aber ich habe sie anfangs und auch später trotzdem immer wieder benutzt. Nach anfänglichen Wortexperimenten kamen dann auch erzählerische Dinge, die Reim und auch jede Stilform ignorierten, die einfach da waren, brachial und in ihrer Wildheit unerschrocken in kulturellen Räumen standen und zumeist nicht verstanden wurden, aber das war ja klar, es ging teilweise um ganz persönliche Erlebnis- und Gedankenwelten.

Später schrieb ich Songs, war in einer Band und das war toll. Zum ersten Mal stand für meine Worte ein Publikum parat, teilweise sogar zahlendes.

Die Band damals hieß **Gesten und Geräusche** und bestand aus drei Menschen, die alle an sich und anfangs auch an die Band glaubten.

Die Grundgedanken waren Punk und Trash. Also die Wildheit und Ausbruchsfähigkeit von gewöhnlichem Punkrock (mit dazugehöriger Lautstärkenargumentation ...) multipliziert mit dem Trashfaktor, der überwiegend das Resultat meiner damaligen Texte, wie auch unserer Vorliebe für Bands wie «Einstürzende Neubauten» oder «Goldene Zitronen» geschuldet war.

Unser Handwerkszeug waren elektronisch verstärkte Bass- und E-Gitarren und ein Schlagzeug mit Erweiterung (mikrofonverstärkte Autofelge, mikrofonverstärkte Waschmaschinentrommel, mikrofonverstärkte Bierflasche, mikrofonverstärktes Mikrofon).

Diese Gruppierung existierte circa zwei Jahre und würde wohl von kultivierten Musikjournalisten der Neuzeit als «alte Neubauten in schlecht» oder «undefinierbare Störgeräuschkulisse mit allzu hohem Nervfaktor und ohne stimmliche oder sinnliche Kapazität» abgeurteilt werden. Diese kunstverständischen «Alleshörer», die auch für so Dinge wie «Spex» oder «Visions» schreiben, hätten vielleicht «Randpop» oder «Nullmusik» dazu gesagt und ansonsten geschwiegen. Meistens traf uns aber nicht der Schlag, sondern Ignoranz.

Wir hatten einige Livegigs in Jugendzentren, produzierten in mühevoller Kleinstarbeit ein Kassettendemo (La vie malade, 1997) und waren auch sonst die Allergeilsten. Mein Part in dieser Band war es, einer elektrisch verzerrten Gitarre disharmonische Geräusche zu entlocken und mir und meinen Mitmusikern damit einige unheilbare Gehörschäden sowie Tinitusse und Schwerhörigkeit zuzufügen.

Das habe ich geschafft, es klingelt heute noch.

Wir hatten einen kleinen Übungsraum unterhalb der elterlichen Wohnung unseres Schlagzeugers. Es war eine tolle Zeit, in der Texte entstanden, deren Entstehungsgeschichte und Entstehungsmöglichkeit ich heute nicht mehr nachvollziehen kann.

Die Band löste sich irgendwann auf, weil ein Musiker dabei war, und der wollte Musik machen. Er wollte es, weil er es konnte.

Ich war es nicht.

Es folgten weitere Bandversuche in den Bereichen Punkrock, Elektro, Industrial und meine eigene musikalische Erfindung «Fuckrockblutkotzemusik». Das war wie Gesten und Geräusche, nur eben unkontrollierter. «Fuckrockblutkotzemusik» war ein Soloprojekt und ich war bewaffnet mit einem Kinderbilligkeyboard, einem Plastikmikrofon, einer E-Gitarre und einer Drummaschine.

Textlich wurde es immer experimenteller, immer weniger konkret, immer mehr um sich selbst drehend. Aber es war eine gute, kompromisslose Zeit, in der ich als Künstler tun konnte, wonach mir war.

Von diesen Sessions gibt es leider heute keine Tondokumente mehr. Meine Mutter hat die Kassetten weggeschmissen, weil sie dachte, die wären kaputt, und ich hab mich damals gefühlt wie Beuys, nachdem man seine Fettecke gereinigt hatte. Unverstanden und voller Sehnsucht.

Aber ich schrieb weiter, Songtexte (auch ohne Band), Lieder (auch ohne Instrumente) und dann entstanden die ersten Kurzgeschichten (erstmal ohne Sinn). Und als dann in meinem ersten Buch hinten noch etwas Platz war für meine Poesieversuche, nutzte ich die Chance, einige alte Gedichte und Songtexte in «Ich hab die Unschuld kotzen sehen» zu verwerten.

Das war 2005 und ich damals fast dreißig.

Und es hatte einen Wert für mich, meine Gedichte in einem Buch wiederzufinden. Ein bisschen ist das wie dieser tolle Satz, den Blixa Bargeld, als der über das späte Schaffen der Einstürzenden Neubauten fabulierte, unlängst in einem Interview kundtat: «Wir könnten nicht das machen, was wir heute machen, wenn wir nicht das davor gemacht hätten.» Schlauer Satz eines klugen Mannes, dachte ich mir. Damals wie heute.

Im Folgenden stelle ich einige lyrische Manifeste vor, aus verschiedenen Jahren, aus allen Schaffensperioden, nicht mit Jahreszahlen gekennzeichnet, denn ich finde, das ist alles zeitlos.

How to be intelligent

Schulterklopfen kann genauso wehtun wie Fressehauen
Hab ich bemerkt.
Beides hat mit Kontakt zu tun.
Fressehauen hat aber im Vergleich zu Schulterklopfen den Vorteil
Dass es direkter und spürbarer geht und der
Zwischenmenschliche Kontakt einfach mal intensiver ist.
Ich mag Kontakt, aber ich mag nicht ewig schultergeklopft werden
Und sie sagen «Nett» und «Geht so» und meinen doch eigentlich Fressehauen
Und klopfen mir auf die Schulter, und zwar so, dass ich den Angstschweiß ihrer Hände durchaus spüre.
Zerbrettern sollte man die, die einem schulterklopfend ganz zärtlich ihren Hass offenbaren, zerbrettern bis kein Klumpen Gewebe mehr am Skelett der Lüge klebt und alles fließend weitergeht, und zwar dahin, wo es richtig ist.
Bis alles sich im Fluss befindet, schließlich im Abfluss und dann runter in die Kanalisation.
Öffentlich zerbrettern werd ich weiterhin jene und jeden, der mir Sympathie an den Kopf knallt, ohne diese zu Empfinden, Öffentlichkeit ist nicht für Sympathie gemacht, aber für Zerbrettern.
Keine Angst mehr
Keine Reue
Die Freude war ganz meinerseits.

How to be intelligent??

Weil es mir eine Zeit lang nicht gut ging, hier ein Gedicht über die Reflexivnichtstagnation. Ich wollte einfach nur überleben und sehen, was nach einem Zustand kommt, der sich anfühlt wie das unendliche Durchschreiten eines Tunnels. Nebenbei hatte ich dann den «Erfolg», den ich immer wollte: ein Anerkanntsein, das ich mir als Grundschüler immer durch Albernheiten erkämpfen musste.

Über Leben

Nicht ausruhen auf den Dingen
Bloß keine Ruhe geben
Lieber noch etwas Liebe
Und vor allem Geschwindigkeit geben.

Geschwindigkeit lenkt ab
Und mein Gehirn hat keinen Takt
Ist zu schnell für mein Bewusstsein
Ich will diese Ruhe nicht
Denn die bedeutet
Dass es vorbei ist.

Erfolg kann man das nicht nennen
Ich habe einigen Menschen das Leben zertrümmert
Indem ich ihre Gedanken oder Herzen infiziert habe
Es tut mir nicht leid.

Es soll nicht vorbei sein
Nicht bevor es beginnen kann

Und es hat ja begonnen
Und ich bin der Depp
Wenn ich nicht aufpasse.

Und das mache ich schon mal
Nicht aufpassen, dann aufprallen
Und Realität schlägt mir schneller als
Der Takt meines Herzens
Als die Frequenz meines Gehirns
Ins Gesicht und ich werde wach und ...

Lebe so intensiv wie ein Fisch
Der grad aus dem Wasser gezogen wurde
Und seit fünf Sekunden zappelt und sucht.

Und dann etwas findet, eine Waffe:
Mein Bewusstsein ist das Bewusstsein
Einer kriegsbereiten Armee, wir haben alle
Drogen genommen und es wird uns schon mal egal
Ob uns nach der Schlacht Körperteile fehlen.

Denn wichtig ist, dass ich überlebe ...

Mit mir ...

Wenn Menschen

Wenn Menschen applaudierend vor mir STEHEN, weil sie denken, ihnen ist grad tolle Literatur passiert, bedeutet mir das weniger, als wenn mich ein Kind anlächelt.

Wenn eben jene Menschen sich um Kinder sorgen, die vor Hunger aus der Schulbank kippen, kommen wir der Sache schon näher.

Wenn dann diese Menschen begreifen, was es heißt, social acting zu machen, und es sich leisten, von ihrer Zeit etwas dafür zu entbehren, sind wir auf einem Weg Richtung Güte.

Wenn Menschen am Bahnhof Güte sich erst durch Massen von Uniformierten boxen müssen und sich davor scheuen, sollten sie sich vielleicht wieder vor mich hinstellen und applaudieren ...

Nein, ich bin kein Philosoph
Nein, ich bin kein Prophet
Ja, ich mache das nur wegen der Kohle und der Frauen
Ja, es macht mir keinen Spaß.

Wenn Menschen beginnen
Wenn Menschen beginnen
Wenn Menschen beginnen
Von
Innen
Dann ...

Wenn Kinder Waffen tragen, sollten sie damit umgehen können. Wenn Menschen Kindern Waffen verbieten, sollten sie wissen, warum.

Wenn Menschen, dann Menschen
Wenn Menschen, dann Menschen
Wenn Menschen, dann Menschen

Dirk Bernemann dankt Teilen seines Publikums ...

Wenn Menschen
Wenn Menschen
Wenn Menschen

Dann Menschen
Für Menschen

Ich las in Palästen und in besetzten Häusern und wenn Menschen da waren, haben sie eine Tüte Gedanken mitgenommen, natürlich unbezahlt. Wenn Menschen in Büchern leben oder im Theater oder auf Lesungen, dann sollten sie noch woanders ein Zuhause haben.

Dirk Bernemann dankt Teilen seines Publikums.

Wenn Menschen, dann Menschen.

Für immer diese
Dann
Und ...
Weiterdenken ...

In den Himmel gucken, unbedingt mal machen ...

Manchmal

Und zum Beispiel jetzt
Denk ich an dich
Hab mich gesetzt
Denk sicherlich.

Zwei Grad zu tief
Fünf Pfund zu schwer
Drei Strich zu schief
Und viel zu sehr.

Wie es wohl geworden wär?

Doch dann zum Ende
Des Gedanken
Kommt so ein Händezittern
Und ein Wanken.

Doch dann und das ist auch ganz gut
Kommt Logik und die echte Wut
Und alles geht in diesen Stunden
Ich danke dir, du bist verschwunden ...

Germany's next Topmodel

Liebes Mädchen
Das ist dumm
Aussortiert
Von Heidi Klum.

Bist nicht schön
Läufst nicht gerade
Auf Wiedersehen
Schade, schade.

Du bist zu massiv
Hier an der Wade
Und auch zu schief
Am Rücken, schade.

Da und da und hier und hier
Fehlt es dir an Stil und Charme
Du lächelst wie ein Dosenbier
Dein Gesicht ist ausdrucksarm.

Es lacht Frau Klum
Zertrümmert die Kleinen
Nichts ist ihr zu dumm
Und die Mädchen weinen.

Die Show geht weiter
Die Models hoffen
Im Medienland
Trägt man Ärsche heut offen.

In aller Stille
für C.

In aller Stille
Beerdige mich tief in deinem Herz
Mein Bewusstsein ist
Ein Massengrab
Was ich trug
Trage ich noch heute
Lebendig, ungeschickt.

Ich bin nicht gut
In diesen Dingen
Mit mir selbst
Wartend auf dich
Ob du kommst
Wo du bist
Die Unwissenheit
Ist ein Raubtier
Und ich ihr Opfer.

In aller Stille
Beerdige mich tief in deinem Herz
Mach einen Stein drauf
Auf dem steht
Dass es mir für immer
Anders geht.

Es fühlt sich an

Wie das Durchschreiten
Eines endlosen Tunnels
Nur meine Schritte
Die nichts wollen
Die keine Richtung
Außer Leben und
Dich
Wollen können.

In aller Stille
Beerdige mich tief in deinem Herz
Gedanken, Träume, Widerstände
Ich habe mich für dich unendlich
Leergeliebt.

Miese Gedichte hab ich geschrieben
An die Wände meines blutleeren Hirns
Die Worte sind bedeutungslos
Und unkenntlich gemacht
Geopfert habe ich mich den Umständen
Mich zu dir träumend
So schwereleicht.

In aller Stille
Beerdige mich tief in deinem Herz
Wenn du dann kommst
Und siehst, was mit Gedenken
Zu tun hat
Dann geh weiter
Und lache.

Ich rührte am Weltschmerz
An der Melancholie
Und auch am Wahnsinn
Und bin jetzt zwischen allem
Ein anderer als zuvor
Aber immer noch so
Voller Feuer und Liebe.

In aller Stille
Beerdige mich tief in deinem Herz
Dann kann ich in dir verwesen
Und das Geschenk meiner Liebe
Als endgültig verweigert wissend
Einsam weinen.

Ich lebe Tage
wie nur Tiere es sonst tun
Deine neue Frisur steht dir wirklich gut
Es ist klein und es ist mein Wille
Beerdige mich tief in deinem Herz
In aller Stille.

Je t'aime beaucoup
Aber alles, was ich äußern kann
Ist leise.

Gib mir das Gefühl

Gib mir das Gefühl
Von Springen und nie aufschlagen
Also immer nur fliegen.

Und auch, wenn es gar nicht wahr ist
Wenn es dieses Gefühl niemals geben wird
Weil, wenn er da recht hat, dieser dicke Mann
Mit der Nadelstreifenhose auf dem Sofa
Dann ist es nur die Schwerkraft, die alles
Hier zusammenhält.

Und sonst nichts ...

Baby
Bei Aldi
Haben sie jetzt Orchideen
Ich hab das im Prospekt gesehn.

Wir müssen
Uns küssen
Weil wir uns so gut verstehen
Ich will jetzt nicht nach Hause gehen.

Mädchen
Jetzt schaust du
Wie ein Robbenbaby
Kurz vorm Einschlag der Spitzhacke

Jede Sekunde
Ist eine Wunde
Und mehr als ich
Ertragen kann.

Und auch wenn das alles hier nicht funktioniert
Mit der Liebe und mit dem Job und mit der Wohnung
Wenn alles den Bach runter geht, kann ich mich immer noch
An mir selbst festhalten und es wie einen Unfall aussehen lassen.

Nichts, was
Die Masse
Auszieht, macht sie nackter.
Wenn wir uns ausziehen, sieht man uns von innen.

Komm lass
Uns sein
Wie Freundinnen
Die sich gegenseitig die Haare machen.

Ey, ich kann auch
Auf SM stehen
Und trotzdem sensibel sein
So sensibel, wie Sarah Kuttner
Doof ist.

Und auch wenn das alles nicht geht
Also glücklich sein mit einem selbst
Oder mit anderen, auch wenn das alles Utopie ist

Da sind doch diese Momente, die davon erzählen, dass man immer
fliegen kann, ohne jemals fallen zu müssen.

Liebe gucken nachts

Und wir grooven durch die Nächte
Ständig suchend, sich verlierend
Als wenn uns das was brächte
Zigaretten rauchend frierend.

Liebe tanzt nicht in den Clubs
Trinkt keine Cocktails in den Bars
Man gibt sich etwas, was man schnupft
Und ein kleiner Satz: Das war's!

Dann rastet das Gehirn kurz aus
Und auch das Herz will Pogo haben
Und man spendet dir Applaus
Eingehüllt in Nebelschwaden.

Kurz gelebt und nachts getanzt
Auf dem Meer, das Clubbing heißt
Doch hier wird nicht mehr gepflanzt
Weil man in den Garten scheißt.

Du grübelst über Zeitverlust
Und was es heißt, ein Mensch zu sein
Du bist ein wenig zu verschmust
Und zwei ein wenig zu allein.

Keine Angst vor Dummheit

---- reisedenken, leise ----

Wo hinzukriechen, wenn es jetzt Winter wird
Wenn der Letzte von uns von Scherben überschüttet wird
Einfach weitermachen ist manchmal zu einfach
Und deswegen vorwurfsvoll ...

Ich bin ein holländisches Damenfahrrad und parke
Demonstrativ an meiner Hauswand, lächle dabei und sehe
Das Zeitalter der Raketen vorbeispeeden ...
Alles geht schnell und am besten ohne mich ...
Losrennen, Mülltonnen umtreten, anzünden
Feuer im Allgemeinen macht glücklicher
Als Brandschutzübungen ...

Distanzanarchist, Anzug tragender Hooligan
Ohne Politikwissenschaftsstudium, aber dafür
Mit Mitgefühl, so impulsiv, dass mir der Mund
Offengestanden hat.

... ohne Worte ...

Emotional hardcore, hooligan poetry
Emotional hardcore, hooligan poetry

Nächste Ausfahrt – Rastplatz
Da stehe ich und nuckel an meinem Kaltgetränk

Aus Konservierungsstoffen und Fruchtsaftkonzentrat
Wenn ich mich jetzt konzentriere und an dich denke
Liebe ich dich, weil du mir mehr als die Wahrheit sagst ...

Der Schnee auf deiner Mütze
Sekundenbruchteile Lächeln
Und dann kommt auch schon der Zug
Und ich verlasse diesen kleinen Ort
Die Matratze auf dem Boden hat mir gezeigt
Dass man auch mit maximal wenig zufrieden
Sein kann ...

kein Pfand – keine Rückgabe – nur Hingabe

Try me and be happy ...

Dieses Gedicht macht Sinn.
Es heißt und ist:

GUT!

Ich widme es den Teilen der Menschheit
Die vergessen haben, dass es sie selbst
Und andere gibt.

Die Worte waren flott zusammengestellt
Sie sind verliebt ineinander
Und produzieren in Kooperation ein Gefühl
Wie Kopfoperation.

Es ist gut, dass wir da sind, liebe Menschen.

Danke.

GUT!

Und wir brennen immer am hellsten
Wenn uns niemand zusieht
Und wir rennen immer am schnellsten
Wenn es um absolut nichts geht.

Und wir trinken immer am meisten
Wenn wir auf der Stelle stehen

Wenn wir uns Gefühle leisten
Und uns selbst nicht mehr verstehen.

Und wir leben am intensivsten
Wenn wir am Abgrund stehen
Und wir fallen auch am tiefsten
Wenn wir langsam weitergehen.

Und wir fühlen uns am richtigsten
Wenn wir uns gehen lassen
Abgrenzungsworte sind am wichtigsten
Wenn es darum geht zu hassen.

Verständnis ist vorbei
Koexistenz aus der Mode
Toleranz für Hippies
(Duschgel auch)

Die Verzweiflung
Sich niemals zugehörig
Zu fühlen
Und Größenwahn
Waren verantwortlich
Für die Idee
Eine neue Kultur
Zu gründen.

Alle bisherigen
Subkulturen
Sind ausnahmslos

Gescheitert.

Attitüde und
Dekadenz
Sind Hauptbestandteil
Meiner kulturellen
Empfindsamkeit.

Lass den Schund zurück
Wir sind perfekt kaputt.

Die Erkenntnis nichts zu haben
Was dich perfekt betrifft und
Die Löcher deines Lebens
und die leeren Seiten deines
Tagebuchs sind dir lieber als
ein Gerät umsonst ...

ja ja ja
ja ja ja
ja ja ja

So singe ich ein Jaquadrat.

Und ich bin am allerschönsten
Wie ich auf der Bühne stehe
Wenn ich nichts mehr fühlen muss
Und allein nach Hause gehe.

... dann ist es doch gut, dass ich da war.

Gin loves Tonic

Gin loves Tonic
And Tonic loves Gin
This is not ironic
This is what we win.

Komm schon, Baby, lass uns tanzen gehen
Du brauchst gar nicht viel zu machen
Ich bewege dich, sagt die Musik zu dir und
Meint es endlich endlos ernst.

Da ist nur dieses Geräusch, das, wenn du ihm länger
Zuhörst, zu Musik zu werden scheint
Zertrümmerte Gitarren, Schlagzeuge, auf denen Hamster
Geopfert werden, Bässe, die den Darm duschen
Und Dinge, die geschehen, geschehen nicht wirklich
Weil, und das ist eine Art Wahrheit, dieser Platz
Verzaubert ist.

Hände weg von diesem Zeug, diese Drogen machen Bambiaugen,
Gin macht nichts, ganz vielleicht Tanz, vielleicht eine Prise Arroganz und Flugunfähigkeit.

Und auch wenn Menschen Organe entblößen, die man besser keinem zeigt
Und alle schreien: «Interessiert mich nicht!», so gucken doch alle hin

Immerhin ist das Gin, immerhin ist diese Minute unser Gewinn
Immerhin zu Hause beziehungsweise eine Ahnung, was das Bedeuten kann.

In meinem Alter ist nach Hause kommen wichtiger als losgehen
Immerhin ist das Gin gewesen und Gin loves Tonic und umgekehrt und
Ironischerweise scheint die Sonne nur über denen, die es nicht nötig hätten.

Und dann hat sie noch gesagt, dass ich den Teppich wegschmeißen soll, weil diese Flecken
Garantiert nicht mehr rausgehen und meine Kopfarchitektur war schon Größenwahn ...

Gin loves Tonic
And Tonic loves Gin
This is not ironic
This is what we win.

Es ist nur Wasser
Der Kopf wird Krisengebiet
Und geht Orientierung
Unter Tieren suchen.

Und dann kommt diese Stimme, die einfach nur leise ist
Und zärtlich flüstert:

Alles ist gut und alles stimmt.

Berlin 2008

Dieses Mal war Berlin freundlich zu mir.

Keine Nazis, die mich durch die S-Bahn werfen.
Keine Kleinkünstler, die nichts geschafft bekommen.
Keine Junkies, die mich mit ihren HIV-infizierten Spritzen bedrohen.

Nein, Berlin war freundlich, hat gelächelt, die alte Sau, hat mir ins Gesicht gelacht und Frühlingslampen angemacht, und ich saß in dieser Bar und ertrank langsam in der schnellen Stadt.

Und:

Keine Hotels, in denen ich vier Zimmer zahlen soll, obwohl ich nur ein einziges bewohnt habe.
Keine Sozialfallstuntmen, die vom Balkon springen, dabei singen, dass der Wind ihnen ein Lied erzählt habe, und dann Vor meinen Füßen landen und irgendwie würdelos, aber vor allem tot aussehen.
Keine Frauen, die es eilig haben und meinen Wortschatz mehr mögen als meine Dummheit.
Keine bösen Gedanken über Dreck.
Keine Knochen in der Currywurst.
Keine Gespräche, die im Nichts stranden.

Dafür aber:

Nazis, die vom Bus überfahren werden und stark blutend liegen bleiben.
Emomädchen, die stolpern und ihrer Bestimmung folgen.
Hautcreme und Kokaingefühle ohne dazugehörige Droge.
Sauberkeit und Dancefloorkilling.
Toller Kaffee, selbst an der Straße.
Liegen.
Saufen.
Glücklichsein.
Vorlesen.

Sich überlegen, sich überlegen zu fühlen.
Sich dafür entscheiden, sich überlegen zu fühlen.
Sich entspannen.

Zurückfahren.
Kurz vor Hannover: Lächeln.
Kurz hinter Hannover: immer noch Lächeln.

Zuhause: ein Hörspiel von Rocko Schamoni.

Schlaf als Gnade.
Inspiration.

About MySpace

Mein Profil findet überwiegend in meinem Gesicht statt.

Oktober

Im Halbdunkeln
Ist auch die Helligkeit halbiert
Meine Wohnung besteht
Aus Holz und
Pfirsichfruchtfleisch
Wer sie je betreten hat
Kann davon, sofern Musikalität vorherrscht
Ein Lied singen.

Ich bin der Unterhosenmann
Tocotronic hörend
Kaffee trinkend
Blicke aus dem Fenster
Da ist der Bahnhof
Gerade rollt ein Zug ein
Bestimmung.

Lieblich zu
Schwelgen
Ist das Ziel
Dieses Tages
Obwohl das klingt jetzt
Als wär ich einer, der in
Seiner Freizeit Bäume umarmt
Und Atomkraftwerke anpinkelt.

Weit gefehlt
Das hier ist die Romantik
Einer Pommesbude.

Es hat nichts
Zu tun mit
Selbstmitleid
Nein, im Gegenteil
Ich mag mich in dieser
Oktoberstimmung
Die vor dem Fenster
Zärtlich in Regentropfenform
Anklopft
Mag mich ohnehin
Täglich mehr.

Und ich lächle
Wie nur H&M
Unterhosenmodels
Lächeln können
Da kann man ja nicht mehr einkaufen
Bis auf: ja, die Unterhosen, die sind
Gut.

Bedeutungslos fließt
Der Verkehr durch die
Alte Straße und der Bahnhof
Hinter all diesen aufgebenden Bäumen
Ist Flucht und Ankunft
Zugleich, Kleinstadtasyl

Ich weiß genau, was ich hier mache
Ich gucke aus dem Fenster und bestätige mir
Die Richtigkeit meines Lebens.

Frühlingsduft kriecht ins Zimmer
(Wo kommt der denn jetzt her)
Wie unpassend, denke ich und rauche
«She's leaving you»
Schreit Nick Cave und
Mick Harvey spielt dazu Gitarre
In einer Art Garagenkulisse
Müllhalde vs. Privatsphäre.

Mein Wohnzimmer brennt
Zigaretten und Duftkerzen
Alles wird Asche
Die Schweine von heute
Sind die Schinken von morgen
Was
Für
Ein
Wunderbarer
Nachmittag.

Ich las Gedichte in Theatern, auch aus selbsttherapeutischen Zwecken.

Being mused

Zarte Worte
An Orten
Wo Krieg die Erde
Aufgrub
Und man darunter
Keinen Strand
Sondern weitere Leichen fand.

Zerknittert von der Zeit
Weil die kein Bügeleisen hat
Jetzt hab ich wieder Worte
Worte.

Die Sachbearbeiterin im Amt hat
Gesagt, dass
Wenn ich
Nichts erzählen würde
Sich nichts ändern werde
Oder war es mein Therapeut?

Habe Worte
Habe Therapie
Habe Abstand
Habe Hass
Habe Öffnungen
In die die Muse reinkann.

Und wenn sie dir den Finger in den Arsch steckt
Macht auch der Krieg wieder Sinn.

Ich war jetzt zwei Jahre im Keller
Von Natascha Kampusch gefangen
Und Tageslicht ist keine Lüge
Und jetzt hab ich
Hunger!!!

Über Lesen
Begegnungen mit Tieren und Möbelstücken

Tu das, was du am besten kannst
Leben in einer gewöhnlichen Welt
und es sind gewöhnte Menschen
die du jeden Tag in ihren Welten siehst
wenn du ihnen sagst, dass du sie alle liebst
werden sie dir glauben ...

Tomte – Für immer die Menschen

Ja, man begegnet so allerhand Menschen und Maschinen, wenn man sich als unterwegs betrachtet. Das würde ich schon mal gern von außen angucken, dieses teilweise doch arg mysteriöse Begegnen zwischen mir und anderen Leuten.

Ich glaube, das hat kein Muster, das ist immer purer Zufall und in seiner Schicksalshaftigkeit aber nicht immer nur lustig. Leider kann ich nur aus meinen Augen gucken und so bleibt mir schon mal ein gewisser Unterhaltungswert, den Außenstehende genießen können, vorenthalten.

Vor allem bei Livelesungen begegnet man ja vielen Menschen, ist ja so gewollt, wenn die Front zwischen Bühne und Publikum existieren soll. Also im Idealfall sind es viele, im Ernstfall manchmal auch nur fünf, von denen sich drei verlaufen haben und zwei Veranstaltertypen sind.

Aber wenn Menschen kommen, dann gibt es den Idealfall, der passieren könnte. Im Idealfall nämlich, also jenem, der eintreten könnte, wenn diese Welt ein guter und gerechter Ort wäre, löst sich diese eben erwähnte Front zwischen Publikum und mir während einer Lesung auf und wird zu einer kommunikativen Basis.

Also ich geh immer von dem punkgerockten Gedanken aus, dass ich nicht der Wichtigste im Raum bin, nur weil sich vor meinem Gesicht ein Mikrofon befindet. Das verstehen aber nur wenige.

Es passiert zu selten, dass ich Leute zum Stagediven animieren kann, obwohl meine Literatur durchaus dafür geeignet ist, finde ich. Aber keiner kommt, keiner springt, aber ich werde in Zukunft daran arbeiten. Circle Pit und Wall of Death wären auch mal ganz geil.

Über Begegnungen, ja, da kann ich was zu erzählen.
Überall gibt es diese.
Sie sind schön und belastend.
Glänzend und bedrückend.
Manchmal steigern sie den Wert des eigenen Daseins unermesslich, ein anderes Mal wünscht man sich sofort kaputt, auf der Stelle tot, um dann als etwas Kontaktscheueres, wie zum Beispiel ein wildes Eichhörnchen, reinkarniert zu werden. Glücklicherweise gibt es da keine Dominanz, ob jetzt Menschen vor mir stehen, denen ich nicht begegnen mag, oder jene, in die ich mich schon mal spontan verliebe. Es hält sich die Waage, ich bin jetzt kein Assimagnet, aber auch kein erotische Intellektuellenschlampen-um-sich-Sammler.

Gott weiß, warum nicht.

Aber trotzdem passiert um mich eine Menge, manchmal mehr, als mir lieb ist, und von einigen anekdotentauglichen Begegnungen mag ich jetzt erzählen. Es hat sich einiges aufgestaut, ich lasse den Damm jetzt brechen, und letztens ist sogar mein Therapeut eingeschlafen, als ich ihm davon erzählen wollte, aber der hatte ja auch einen langen Tag, und über zehn Stunden mit Menschen wie mir abhängen ist bestimmt auch anstrengend.

2004 hatte ich eine meiner ersten Lesungen in der Stadtbücherei in Gelsenkirchen. Die Veranstaltung hieß «Mut zum Lesen» und genau diesen Mut hatte ich mitgebracht.
Konzept der Veranstaltung war es, dass fünf junge Autorinnen und Autoren aus dem Umland ihre eigenen Texte vorlesen. Jeder hatte so um die fünfzehn Minuten Zeit zur Darbietung seiner literarischen Ergüsse. Ich sollte damals an vierter Stelle lesen.
Niemand kannte mich in dem Saal außer meiner damaligen Freundin, die aber nur ungefähr wusste, was ich so mache, und mit dem Text nicht vertraut war, den ich darzubieten gedachte.
Vor mir lasen ein Mann, der von einem Bootstrip über irgendeinen Fluss in China palaverte, eine Dame, die eine Kinderhorrorgeschichte in unspannend darbot, und eine Emotussi, die bei ihren Schneegedichten zu heulen begann. Jeder bekam für seine Darbietung vom circa fünfzigköpfigen Publikum Applaus, sogar die Emotussi, als sie darüber zu heulen begann, wie schlimm es ist, den Namen des ehemals Geliebten in den Schnee zu malen, nur um diesen stundenlang anzugucken und sich dabei den Zuckerarsch abzufrieren. Dann war Pause und dann war ich.

Und ich wollte einen Text lesen, der damals gerade frisch fertig war, in dem ein drogensüchtiger Spinner nach einer verjunkten

Nacht seine Freundin umbringt, weil er nicht mehr Herr seiner Triebhaftigkeit ist.

Ein rasanter Text, der damit beginnt, wie diese beiden Menschen aufwachen, stark drogengeschädigt dahinvegetieren und plötzlich einer, nämlich er, voll ausrastet und der Freundin Dinge antut, die Bolzenschussgeräte mit Rindern in Schlachthöfen machen.

Unterwegs auf bundesdeutschen Autobahnen

Das beschriebene Szenario trug und trägt den Titel «Ich hab die Unschuld kotzen sehen», und das wurde dann auch der Titel meines damals noch unveröffentlichten Buches.

Ich las also und alles begann idyllisch mit der Aufwachszene, dann wurde es ein bisschen brutal und dann völlig Blutrausch. Ich las den Text zu Ende und hob meinen Kopf vom Blatt – die Blätter von damals sind die Bücher von heute – und sah in offene Münder, in erschrocken eingefrorene Gesichter und musste feststellen, dass ich gut war.

Dann standen hinten zwei Frauen auf, schimpften irgendwas, was sich anhörte wie Russisch, und verließen den Saal, auch vorne rechts tat sich eine Lücke auf und gleich fünf Menschen verabschiedeten sich gleichzeitig und suchten kopfschüttelnd den Ausgang.

Ansonsten: Stille, gar Totenstille, ich hatte das Volk angerührt.

Dann meldete sich eine ungewaschene Hippiefrau aus der ersten Reihe zu Wort, fand mich kacke und nannte mich «Machosau», wohl weil ich eine Frau und keinen Mann habe über die Klinge springen lassen.

Auch ihre duschgelverfeindeten Nebensitzerinnen schwitzten in ihre Second- oder Thirdhand-Mode und stimmten einen Meckerchor an. Ich lächelte und antwortete ein wenig. Was genau ich zu den modeunbewussten Frauen sagte, weiß ich auch nicht mehr, aber es ließ auf jeden Fall das Meckern nicht verstummen.

In diesen Meckerchor mischte sich ein weiterer Typ ein, der ganz hinten saß und rüberbrüllte, dass er Buchhändler sei und dass mein Zeug doch wohl «keine Sau mehr hinterm Ofen hervorholen» würde. Seit Tarantino, und wie se alle heißen, wär das doch Standardkram mit Tendenz zur Langeweile. Der Laden war in Aufruhr, ich lächelte still vergnügt, zufrieden mit den von mir provozierten Emotionen und Diskussionen, die sofort aufbrachen.

Zwei ungefähr siebzig Jahre alte Frauen im robusten Zustand und mit experimentellen Fantasiehüten fanden mich «irgendwie klasse und mutig» und ich hätte ihnen gern dafür die Arschbacken massiert, war aber nicht nötig, die beiden waren mir aus freien Stücken mehr als gewogen.

Der sogenannte Moderator, der wohl in seiner Freizeit auch Autor ist und ein Musical über Schalke 04 geschrieben hat, versuchte Ruhe reinzubringen und verbot den Hippiefrauen, die jetzt versuchten, mich mit bösen Blicken zu verdammen, weitere unkonstruktive Wortbeiträge. Ach und meine Freundin saß nur kopfschüttelnd da, einen Monat später verließ sie mich wegen eines Automechanikers, für sie war das nix, dieses Angefeindetwerden. Für mich war es ein künstlerisch wertvoller Abend.

Nach mir las noch eine Frau, ebenfalls jenseits der Siebziggrenze, und sie laberte in einem sehr ruhigen Ton über ihre Kindheit in Russland, und irgendeinem Opa ist immer irgendwas hingefallen und die Kinder lachten.

Ha, ha, ha und nochmals ha, alles super.

Gelsenkirchen hat gerockt und ich habe mich nicht für die Entstellung eines Weltbildes entschuldigen müssen.

Auf meiner Lesetour 2007 waren wir auch in Bayern zu Gast, in einem kleinen Dorf, wo auf den ersten Blick jeder mit jedem verwandt schien.

Wir, das waren mein Mietgitarrist und ich eben. Uns umgab Rustikalität im kleinen Hotelzimmer, wo wir uns vor der Lesung noch frisch machen wollten. Wir duschten nicht gemeinsam, denn meine Begleitung war homophob.

Auch die Aussicht mit mir diese Nacht stinkbesoffen in einem rustikalen Ehebett zu verbringen, stellte ihn vor unerklärliche Ängste.

Ich offenbarte ihm, dass, wenn ich schwul wäre, er bestimmt nicht meinen sexuellen Richtlinien für einen passablen Arschfick entspräche, aber auch das beruhigte ihn nur bedingt. Ich konfrontierte ihn mit der Theorie, dass seine Ängste eigentlich seine Wünsche sind, und er stritt das natürlich ab und versuchte, als wir durch die Stadt liefen, sich in heterotypischen Tittenbetrachtungen sein Weltbild zurückzuerobern.

Aber der Gedanke rotierte in ihm, das sah man deutlich an seinen Gesichtszügen.

Wir wollten auf jeden Fall noch in einen Aldi, um nicht genehmigte Cateringwünsche wie Whiskey und frisches Obst nachzulegen. Jeder von uns hatte dann so eine Flasche Whiskey in der Hand und einen Beutel Äpfel. Die legten wir auf das rollende schwarze Band, das sich ruckartig in Bewegung setzte.

Direkt vor uns roch es, nein es roch nicht, es stank wie latrinengetränkt, es stank so, wie die Toilettenszene in Trainspotting aussah, es stank so gülleartig dünnschissig, und ich mochte meinen tränenden Augen nicht trauen, der Geruch schien wirklich von einer Person auszugehen, und zwar stand vor uns eine Frau um die vierzig, heftig von Zahnverlust und unreiner Haut betroffen, blutunterlaufene Säuferaugen blickten auf das Fließband und darauf stand ihr schicker Billigkorn für 2,99 Euro.

Fünf Flaschen.

Dazwischen ein einsamer Deoroller von Rexona.

Diese Frau war die Quelle des immensen Flavours, aber niemandem außer uns schien das aufzufallen.

Vielleicht, so dachte ich mir, geht dieser menschliche Sondermüllhaufen hier täglich Schnaps einkaufen und die Ureinwohner sind das Gestinke gewöhnt und äußern sich deshalb nicht dazu.

Die Frau auf jeden Fall tat ihre Einkäufe (und es waren wirklich nur fünf Schnapsflaschen und ein Deoroller, der aber bestimmt auch ausgetrunken werden sollte) in eine Art Rucksack. Dann sah sie uns an, vielmehr erst mich und dann sehr lange und sehr musternd meinen Mietmusiker, und plötzlich brach sie in ohrenbetäubendes Geschrei aus und deutete mit dem Zeigefinger auf meinen Kumpel.

«Du hast mich gefickt und nie wieder angerufen», brüllte die Schnapsfrau meinen Saitenkumpan an, um dann auszuholen und ihm eine zu ballern. Mein Kumpel war zu Stein geworden, als die flache Hand der ranzigen Alten in seine Gesichtsnähe kam und unsanft auf seiner Wange landete. Daraufhin stürmte die Stinkmorchel aus dem Laden und mein Freund wusste nicht, ob lachen oder weinen jetzt angebracht wäre, und ich auch nicht, dafür war das alles zu skurril, und wir sahen uns kurz an und zuckten mit unseren Schultern und die Kassiererin sagte, nachdem sie zwei Flaschen Whiskey und ein Apfelnetz über den Scanner gezogen hatte: «Dreiundzwanzig Euro siebzig, bitte.»

Abends während der Lesung baute ich diesen Gag natürlich ein, die Stinkefrau war leider nicht anwesend, mein Kumpel hätte die Sache nämlich gern aufgeklärt.

Vielleicht würde er jetzt doch schwul werden, sagte er noch kurz vorm Einschlafen zu mir und ich küsste ihn sanft auf die Stirn, doch er war viel zu besoffen, um sich darüber aufzuregen.

Irgendwann war ich auch mal auf dem Hauptbahnhof in Köln und da wartete ich auf einen Zug nach Münster. Ich kam von einer Lesung und hatte nur wenig Gepäck bei mir und ungefähr zwei Stunden Aufenthalt in der Domstadt.

Also verließ ich berucksackt das Bahnhofsgelände, um Richtung Dom zu laufen, um mich da auf der Domplatte ein wenig in der Sonne zu chillen. Da saß ich dann und wäre das jetzt ein Film, würde jetzt diese sehr spannungserzeugende Monsterannäherungsmusik eingespielt werden, obwohl man nur einen Jungautor sieht, der eine selbstgedrehte Zigarette raucht, auf dem Boden sitzt und ein Buch von Christian Kracht liest und das auch noch gut findet.

Also Monsterannäherungsmusik so wie bei «Halloween» oder «Der Weiße Hai». Die Musik wird schriller, die Szenerie sieht immer noch harmlos aus, die Musik wird aber umso heftiger, lauter, bekommt Gewaltausbrüche und dann, ja dann, dann steht er vor mir.

«Ey, hasse ma 'ne Kippe», fragte mich dieses Ding, ein junger Mann in einer orangen Uniform. Sehr, sehr dünn der Mann, keine Haare, dafür 'ne Menge Schorf auf dem Kopf, fahrige, zitternde Bewegungen. Technomissbrauch steht ihm im Gesicht, und zwar jener, der damit einhergeht, wenn man sein Bewusstsein mit chemischen Substanzen durch ein Hochgeschwindigkeitsleben ravt.

Er schwitzte stark, sah aus wie ein in paranoidem Angstschweiß gebadeter Klischeeabtänzer. Ich würde mal sagen, er fühlte sich wegen der Dauerchemiedrogenzufuhr wie 85, ist aber vielleicht laut Ausweis erst Mitte zwanzig. Sein Blick war nicht zielgerichtet, dauernd schaute er sich um, als würde er verfolgt.

«Gib ma 'ne Kippe!», wiederholte er sein Rauchbedürfnis erneut, diesmal etwas hibbeliger.

Ich kramte meinen Tabak hervor und hielt ihm den hin.

«Das ist doch keine Zigarette, das ist Gotteslästerung, Blasphemie, du Arschloch.» Er begann eine Art Tanz um mich, dabei zuckte sein ganzer Körper wie bei einem epileptischen Anfall – vielleicht war es auch einer – und der junge Mann stand hinter mir und vor mir gleichzeitig.

«Ich bin Gabbagott», brüllte er dann und verschiedene Köpfe blickten sich nach uns um. «Und alles gehört mir!» Dann beugte er sich zu mir runter und bat mich: «Drehsu mir eine.»

Ich nickte, auch ein wenig aus Angst vor seiner absoluten Uneinschätzbarkeit. Er schwitzte und begann einen Text: «Ich bin wirklich Gabbagott und alles gehört mir, alle Menschen, alle Tiere, selbst der Dom da vorne, meiner. Und auch der Himmel, alle Pflanzen und so, alles meins, denn ich bin Gabbagott.»

Ich drehte sachgerecht fertig und gab ihm das Ding in die Hand. Feuer gab ich ihm auch und er grinste mich aus zahnarztbehandlungsbedürftigem Mund an. Sog ein, atmete aus und sprach zu mir: «Du hast jetzt die einmalige Gelegenheit für die Länge dieser Zigarette dem allmächtigen Gabbagott einige Fragen zu stellen. Weißt du, es ist nicht nur so, dass mir alles gehört, ich weiß auch alles. Alles.»

Ich überlegte. Die allerpassendste Frage schien mir: «Sag mal, ist es nicht voll anstrengend und total ungesund, ein Leben mit 200 BPM zu leben? Ich mein, du kriegst ja gar nichts mehr mit.»

Gabbagott sah mich an, dann wieder an mir vorbei, dann blickte er mich wieder kurz verhuscht an wie ein Eichhörnchen, das eine Haselnuss gefunden hat, um dann nochmal an mir vorbeizuschauen, als sei hinter mir gerade das Reaktorunglück von Tschernobyl nachgespielt worden.

Er saugte seine Kippe nass und flüsterte in einer sich überschlagenden Geschwindigkeit: «Ich bin Gabbagott und ihr werdet schon sehen, was euch passiert, wenn ihr nicht an mich glaubt, auch Gott gehört schon mir, der sitzt bei mir zu Hause und spült meine Teller. Ich bin Gabbagott, du bist nur ein Arschloch mit Buch.»

Dann stand er auf und rannte quer über den Domplatz und von fern hörte ich ihn noch schreien: «Ich bin Gabbagott, alles gehört mir! Mir allein!»

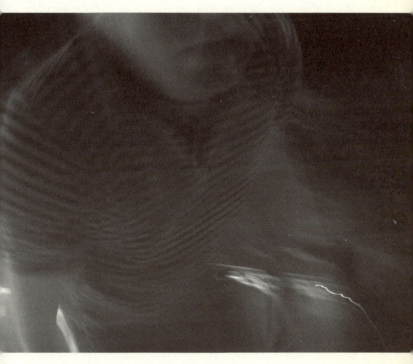

Ich aus der Sicht von Gabbagott (Hirninnenaufnahme)

Moral: Wer sein Lebenstempo über seiner natürlichen Herzfrequenz ansetzt und es da auf Dauer verbleiben lässt, der endet in orangen Anziehsachen und ohne Würde an geweihten Orten – siehe Dalai Lama.

Ich weiß noch: 21. Februar 2008.
Ich war von freundlichen Menschen eingeladen worden, in einem kleinen Club in Leipzig zu lesen. Da das recht weit ist, sattelte ich mein Pferd schon sehr früh, um in den Morgenstunden aufzubrechen. Ich las noch jemanden auf, einen einsamen Cowboy mit Gitarre, der am Wegesrand lauerte und nichts Besseres zu tun hatte. Der steht ja öfter am Wegesrand und weiß nicht, was er mit den ganzen vierundzwanzig Stunden, die so ein Tag vorweist, machen soll.
Daher reitet er gern mit, wenn ich verreise.

Das Pferd war froh und guten Mutes wie auch wir.
Wir pfiffen diverse Lieder unserer Jugend, mit denen wir emotionale Verbundenheit pflegten. Ich erinnere mich an schlagerartige Ausbrüche, an kleine Infernos, die zwischen uns aufflackerten und an Gereimtes aus dem Hause Hip und Hop, zu dem wir mitgroovten, als hätte es Breakdance nie gegeben.
Dies war nun die popkulturelle Gegenwart und wir die Insassen einer Maschine, und wir fühlten uns wie Maschinengewehrmunition.

Wir ritten schon eine ganze Weile, das Pferd war ein wenig müde geworden und wir tränkten es an einer Autobahnraststätte.
Für uns gab es Pommes und Kaffee als Stärkung. Plötzlich klingelte mein mobiles Telekommunikationssendgerät. Das verheißt

meist nichts Gutes, denn es klingelt selten. Ein unbekannter Teilnehmer rief mich an. Ich nahm ab.

Einer der Leute, die mich einst so freundlich nach Leipzig eingeladen hatten, war dran und bat sofort um Verzeihung, und dann sagte er auch noch, dass die Leseshow heute Abend mal spontan abgesagt worden war, weil man mich schlicht vergessen hätte, außerdem wäre keine Werbung gemacht worden.

Er bot mir Geld an, um das Veranstaltermissgeschick zu besänftigen. Ich nahm die Summe an, wusste aber, dass ich davon nie was sehen würde, ich wusste es schon, als ich mein Telekommunikationsendgerät ausmachte und meinem mitreißenden Mitreisenden von dem Vorfall erzählte.

Wir berieten kurz, wie zu verfahren sei. Umkehren oder weiterfahren oder irgendetwas anzünden und hoffen, dass Feuerhitze zu Herzenswärme wird. Wir waren ein wenig ratlos, dem Pferd war egal, wo es hingehen sollte. Ich konsultierte einen Dritten. Ich rief meinen besten Mann in Leipzig an, Chief Alex.

Der Dialog rannte folgendermaßen durch unsere Telefone:

Er: Du?
Ich: Ja, ich, Problem. Lesung is nich, weil Typ von Laden blöd.
Er: Wie blöd?
Ich: Ja, blöd halt. Die haben vergessen, die Veranstaltung zu bewerben.
Er: Ich besorg dir was anderes.
Ich: Aber nix mit Probleme und Studenten bitte.
Er: Geht klar, kleinen Moment.

Zehn Minuten vergingen, das Telekommunikationsendgerät meldete sich erneut und gab Chief Alex' Stimme preis.

Er: Hab wat.
Ich: Wat?
Er: Studentengeburtstag, alle dir hochintellektuell überlegen. Freun sich aber ...
Ich: Saufen?
Er: Umsonst!
Ich: Gage?
Er: Nix.
Ich: Mädchen?
Er: Bildungselite.
Ich: Unterwegs, bis gleich.

Wir ritten also weiter, die Entscheidung war gefallen, außerdem waren wir ja fast schon bis ins Landesinnere von Thüringen vorgedrungen, Umkehr wäre ohnehin dumm gewesen.

Gut, man hätte auch sein Zelt in Thüringen aufschlagen können, eine der allerschönsten Gegenden im bundesdeutschen Raum. Und das meine ich wirklich ernst.

Wir ritten erstmal weiter.

Thüringen durchquerend.

Irgendwann war dann da Sachsen und die Gegend wurde wieder interessanter, also wenn man Ruinen mag.

Dann ritten wir irgendwann in Leipzig ein, besuchten kurz Chief Alex, der uns auch sein WG-Zimmer zum Nächtigen zur Verfügung stellte.

Dort legten wir uns erstmal kurz hin, unterhielten uns mit dem großartigen Alex und rauchten einige Filterzigaretten, und es gab Kaffee und Brote mit Kräuterbutter, die aus einem ranzigen WG-Ofen geschält wurden.

Lecker is something different, aber die Reise war beschwerlich und so ging es, denn da war ein Hunger.

Er hatte für alles gesorgt – außer Bier. Bier war aber wichtig nach so einem langen Ritt, Bier und Zigaretten.

Unterhalb der Wohnstätte gab es einen twentyfourhour Supermarkt und die hatten tatsächlich: vier Flaschen Becks.

Und sonst nur Scheiße.

Ich stellte dem Inhaber höflich die Frage, ob sich denn noch Bier dieser Sorte irgendwo in Lagerräumen aufhielte, worauf er nur schmunzelte, um dann in seiner Landessprache zu antworten: «Nö, dös is aus, kömmt äber näckschte Woche wiedor rei.»

Nächste Woche? Ich meine, wir sind hier in Leipzig, das ist eine Metropole, da flackert die Luft, wenn es Strom gibt und so.

Die armen Menschen, dachte ich mir, müssen die echt eine Woche auf anständiges Bier warten.

Ich zahlte und machte noch ein ostdeutsches Kummergesicht (siehe Foto) zum Abschied und der Mann an der Registrierkasse verstand mich.

Er lächelte mich an und es war eines dieser Lächeln, die man nur von Menschen bekommt, die einem, wäre Verständnis ein Ball und man selbst ein Delfin, diesen Ball an den Kopf werfen würden, um dann zu erwarten, dass man diesen Ball möglichst lange auf der Stirn jonglieren kann.

Wir konnten.

Alle.

Ostdeutsches Kummergesicht, 21.02.2008 in Leipzig beim «Einkaufen»

Dann liefen wir, bewaffnet mit Bier und Liebe, durch dunkle Ecken von Leipzig, drei Menschen, zwei Gitarren und lediglich vier Halbliterpullen Becks.

Nach zehn Minuten Fußmarsch war noch eine Flasche da.

Wir mussten in den dritten Stock und da tat sich vor unseren Augen eine Party auf, die von Studenten dominiert wurde.

Adam Green lief im Radio, rauchend standen Hippiemädchen auf dem Balkon und diskutierten angeregt über Seminare der Zukunft und der Vergangenheit.

Bierflaschen wurden geleert, aber nicht auf die Art, wie ich es vorhin tat, sondern auf eine viel entspanntere. Es gab auch Wein für die Ästheten und Wasser für die Wassertrinker.

Zur Lesung nahm ich auf einem Bananenkarton Platz, der sich sofort in Form meines Arsches bog und somit optimalen Sitzkomfort bot.

Der Gitarrist nahm auf einer Liegewiese Platz, auf der die Studentinnenanführerin und Gastgeberin wohl sonst ihren Kopf mit Inhalten des Studierthemas füllte. Da saßen wir und musizierten, und ich trinke normalerweise nicht während Lesungen, aber hier ging es nicht anders, dauernd stand eine gefüllte Bierflasche in Griffweite, und ich hörte auch bis zum Ende der Lesung nicht damit auf, diese hingestellten Dinge nicht als Requisite verkommen zu lassen. Wie sieht das denn aus?

Schließlich hat man ja einen Ruf zu verlieren.

Ich las, sang, trank und die Studentenmenschen hatten ihre Freude an mir. Die Lesung war wirklich cool, und am Ende ließen wir noch einen Hut rumgehen, wo so ganz humorvolle Mädchen statt einiger Euros für Pferdefutter so lustige Sprüche hinterließen wie: «Deine Sprache ist für mich Punkrock, hat mich ganz tief berührt an einer Stelle, an der Werte, Liebe und Gewalt zu einer großen Ursuppe zusammenschwimmen, aber ich will nicht pathetisch werden – eine ergreifende Vorstellung, die du da geliefert hast. Ich schreibe schon so lange Lyrik, mich hast du dermaßen inspiriert weiterzumachen. Danke dafür.»

Da fiel mir durch mein Lachen eine Träne.

Das Studentenwohnheim of Love

In der Nacht hatte ich auf dem Fußboden liegend einen seltsamen Traum: Ich war eine Bierflasche, die letzte in einem Regal in einem Laden in Markleeberg. Mein Etikett konnte ich nicht lesen, aber ich glaube, ich war ein gutes Bier, also kein Billigscheiß.

Ich war sehr einsam und neben mir lag eine Tüte Haribo Colorado, und in dieser Tüte hatten die Gummibärchen einen krassen Rassismus verbreitet.

Die Roten waren verboten worden, mussten die Tüte verlassen. Der Präsident von Haribo Colorado, ein schwarzer Lakritzblock, hielt flammende Ansprachen gegen rote Gummibärchen und auch die grünen und die gelben applaudierten.

Ich wollte ihnen was zurufen, hatte aber kein Gesicht, nur ein Etikett.

Am Morgen betrat Chief Alex den Laden, kaufte mich, trank mich ziemlich schnell aus und warf meine Hülle in den Glascontainer.

Kurioser Traum, kurioser Besuch, dennoch fuhren wir nicht unglücklich am nächsten Morgen wieder heim.

Das Pferd hatte die ganze Nacht gewartet ...

When Bernemann comes to town

Dance to the poetry – Leipzig, 10. Mai 2008/WGT

10. Mai 2008 in Leipzig, WGT im Cineplex-Kino, daneben stand 15 Uhr und das alles zeigte mir mein Terminkalender. Etwas war falsch, nämlich die Kinobezeichnung und irgendwie ich an diesem Ort.

Meine dritte Leipzigreise in diesem Jahr (Bei der Buchmesse war ich auch schon am Start – Gruß an dieser Stelle an die Menschen vom Kunstkombinat in irgendeiner Schräglage ...) und ich war voller Freude, aber auch voller Skepsis.

Das WGT (Wave Gotik Treffen) ruft in Leipzig alljährlich zu Pfingsten eine amüsante Freakshow auf den Plan, und das schwarz gewandete Wandervolk, das zu diesem Anlass aus aller Welt anreist, zelebriert sich selbst und szenetypische Vorkommnisse wie Konzerte, Lesungen und Bierstände.

Literatur kommt ja in dieser Subkultur auch sehr gut an, speziell meine, hab ich gemerkt, und dafür wollte ich mich mit einer guten Lesung bedanken.

Aber viele Menschen auf dieser Festivität hätte ich gern gefragt: Du hast Stil? Und warum zeigst du ihn dann nicht?

Und was schenken mir diese Menschen?
Eine Fuck-You-Wall. Eine Mauer aus Mittelfingern als Symbol der ultimativen Ablehnung.
Aber ich war so lieb, sie vorher zu fragen.

Leipziger Fuck You Wall vom 10.05.2008

Nach der Lesung ging ich noch mit äußerst lieben Menschen auf eine einsame Verkehrsinsel Wein verköstigen. Den haben wir vorher im Delikatessensupermarkt gekauft und die einzigen Bedingungen an den Wein waren: Schraubverschluss soll er haben und knallen muss er.

Der fachkundige Mann am Weinregal hatte was da, was alle zufriedenstellte. Da saßen wir dann und tranken, machten uns mit Worten schöne Geschenke und freuten uns über den Tag, der langsam Abend wurde, dann auch irgendwie kühler, und die Runde löste sich auf und ich ging noch mit einer wunderbaren Frau in ein Schwulencafé.

Es ist gut, mit einer wunderschönen Frau in ein Schwulencafé zu gehen, so wird sie halt selten angemacht und ich bekomme sogar noch auf dem Klo Lob für meinen Penis. Wir tranken, saßen da und tauschten Gehirn- und Gefühlsteile aus und irgendwann waren wir so dicht wie die Bar und standen draußen und liefen noch etwas. Die Dame hatte mich extrem «gemust» mit dem Inhalt ihres Geistes, flashartige Stimmungsbögen, wohl auch verstärkt durch Cocktailzufuhr, enterten meinen Denkapparat und sorgten dort für etwas Unruhe.

Wir verabschiedeten uns und jeder fuhr in einem Taxi zur Ruhe oder vielmehr ich in ein Hotel und sie in ihr Nest, wie sie es nennt. Sie hatte noch eine etwas längere Fahrt vor sich.

Ich begleitete sie in Gedanken.

Sie war keine von denen, die man einfach so mal mit zu sich ins Hotelzimmer schleppt und ihnen nach dem Frühstück den Weg zum Bahnhof finanziert.

Nein, sie war eine andere, eine, die wieder gehen musste, weil das gut und richtig war und weil ich wusste, dass sie wiederkommt. Ich sollte recht behalten.

Am nächsten Morgen lief was Geiles auf Arte, als ich nach dem immens guten Hotelfrühstück in meinem Zimmer verweilte und mich mit Kopfschmerztabletten ruhigstellte. Da waren so Reggae-Menschen unterwegs, die irgendwo in Tansania ein voll ausgeflipptes Fest in einer Art Stadion veranstalteten, und die Beats und die Rhythmen und die Sounds, das alles klingelte eine Wohltat in mich hinein.

Ich begann zu tanzen.

Den Raum zu betanzen, wie ich selten einen Raum betanzt habe. Glück war dabei und der Kopf heilte sich von selbst durch Verströmen von positiver Energie.

Die Putzfrau klopfte an, ich brüllte «Reinkommen und mittanzen» und sie verschwand wieder.

Später fuhr ich mit einem Taxifahrer, dessen Sprache ich nicht verstand, Richtung Innenstadt. Er gab vor Deutsch zu können, Deutsch zu sein, und als er mir Leipzig erklärte (ich glaube, das wollte er, denn er zeigt immer nach draußen), kamen da nur Vokale aus seinem Gesicht, lediglich «ä» und «ö» waren mir bekannte Laute, der Rest war so versächselt, dass ich in meinem Reggae-Delirium keine Chance hatte, dem guten Mann verbal zu folgen.

Als ich an dem Parkhaus ankam, in dem ich mein kleines Fahrzeug untergebracht hatte, musste ich zunächst mal schlucken, denn das Ding war zu, und dann musste ich nochmals mehrmals schlucken, denn zwei Anrufe bei der Betreibergesellschaft dieses Parkhauses und beim Besitzer des Kaufhauses, unter dem sich dieses Parkhaus aufhielt, sagten mir, dass das Teil auch erst am Dienstagmorgen wieder öffnen würde.

Da stand ich nun in meiner Halbtrunkenheit, ohne Auto, mit nur wenig Geld und mit dem auferlegten Zwang, in dieser Gegend noch zwei Tage verbringen zu müssen.

Gothics pendelten die Straße entlang und sahen weder glücklich noch attraktiv aus – und ich war Gefangener ihres Festes.

Na dann, dachte ich mir und organisierte mir erstmal mit Hilfe der lieben und wunderschönen Frau von gestern Abend eine Art Schlafgelegenheit im benachbarten Halle. So schnell sieht man sich wieder.

Dann hing ich also in Halle ab.

Dort lebende Menschen wollten mir diese Stadt, die scheinbar nur aus Platte und Baufälligkeit zu bestehen schien, schön reden. Dort verbrachte ich noch zwei sehr entspannte Tage auf sonnigen Wiesen und in schönen, kleinen Bars, bevor dann tatsächlich am Dienstagmorgen dieses Parkhaus seine Pforten öffnete. Das erste, was ich benutzte, war meine Zahnbürste.

Ich bin kein Antichrist. Nein, ich sagte bereits, dass mich Religion nicht fasziniert, aber dass ich Göttliches in Pflanzen, Kinderlachen und gelebter Liebe spüre, aber was ich an einem schillernden, aprilernen Freitag in Trier erlebte, lässt mich nachdenklich werden, ob ich da so richtig liege. This here really happened:

HeiligRockTrier

An einem Freitag bin ich nach Trier gefahren. Sollte da vorlesen. In Trier. Der Laden hieß «Produktion am Dom» und war halt wirklich am Dom, also direkt gegenüber diesem riesigen alten katholischen Tempel.

Dieses Bauwerk war ein Monster an Architektur und überschattete alles. Mauern, an denen Kampfjets zerschellen würden, und Türen aus einem Holz, das so alt war wie die letzten 125 Päpste zusammen.

Die Fassade brüllte auf die Menschen vor ihr nieder: «Ihr seid alle meine Untertanen, und wer mir nicht gehorcht, dem werfe ich Dinge an den Kopf, die ihn nicht wieder aufstehen lassen.»

Böse große Kirche eben, die einen Schatten wirft, der nichts gedeihen lässt.

Dabei war der Weg nach Trier eigentlich ganz schön. Vorbei an Weinbergen, über die Mosel, neben der Mosel, fast in die Mosel, dieser Fluss hatte die ganze Region unter Kontrolle, so schien es mir.

Weinberge über Weinberge, daneben Weinberge in direkter Nachbarschaft von Weinbergen, die an Weinbergen grenzten.
Postkartenidylle.

Dann rein in diese historische, unhysterische Stadt, wo viele Menschen alte Teile von irgendwelchen Römern gefunden haben, die hier mal gewohnt haben. Imperatoren und so.

Die Gebäude waren alle kaputt, schwarz, grau und außerordentlich hässlich, aber alle fanden das toll, fotografierten das und sagten da antik zu, und die Fotoapparate der zugereisten Touristen saßen außerordentlich locker.

Speziell Asiaten erfüllten an diesem Tag das über sie herrschende Vorurteil, aber auch eine Menge mittelalter Europäer konservierten Pixel in ihren Apparaten. Knips, knips und nochmal Digitalknips.

Neben aller altertümlichen Hässlichkeit hat dieses Trier ein weiteres außerordentliches Problem: Es ist tausendprozentig katholisch. Jeder dritte Mensch, den ich beim Laufen über den Domvorplatz sah, trug einen Priesterkragen oder eine Nonnenhaube oder ähnlich würdelose Bekleidung.

Als ich eine Gruppe Ordensschwestern sah, musste ich unwillkürlich an den Film «Die Reise der Pinguine» denken. Wenn Pinguine wüssten, mit wem sie so alles verglichen werden, ich glaube, sie würden auf der Stelle depressiv werden und sich von der Evolution verabschieden.

Es gab da so ein Volksfest auf dem Domplatz, als ich da war. Auf vielen Plakaten wurde das sogenannte «HeiligRockFest» angekündigt. Dabei ging es nicht um ein Metalfestival von verplanten Christen, sondern das «HeiligRockFest» existiert, weil die Christen glauben, sie hätten das Gewand von Jesus Christus (geboren im Jahre 0, jüdischer Widerstandskämpfer, Opfer römischer Imperialisten) gefunden.

Um dieses Teil, die sogenannte Tunika Christi, ranken sich viele Mythen und historische Spekulationen. Sicher bezeugt ist die Geschichte des Heiligen Rockes ab dem 12. Jahrhundert. Vor etwas mehr als 800 Jahren fand die Weihe des Hochaltars im damals neu errichteten Ostchor des Trierer Domes durch Erzbischof Johann I. statt, der in diesem Altar den Heiligen Rock eingeschlossen hatte.

Wie der Heilige Rock nach Trier kam und ob das Gewand Christi echt ist, ist wissenschaftlich nicht mehr nachzuweisen. Die Überlieferung sagt, die Heilige Helena, die Mutter Konstantins des Großen, habe die Tunika Christi bei ihrer Pilgerfahrt in Jerusalem gefunden und anschließend der Trierer Kirche geschenkt.

Na klar, Frauen verschenken stylische Klamotten. Glaube beruht ja auf vielerlei Spekulativkram, das ist seine Essenz.

Zum Anlass der Schenkung dieses Gewandes gab es nun dieses Fest und eine Menge Kindergruppen aus Schulen, Kindergärten und Heimen für Schwererziehbare, Senioren und Behinderte wurden herangekarrt, weil das auf Christenfesten so üblich ist.

Das Fest war bunt und laut und es hatte auf dem ganzen Domplatz allerlei Zelte, und ich hatte noch Zeit, mich ein wenig umzusehen. Es war 17 Uhr.

Die Lesung sollte um 20 Uhr beginnen. Das Fest tobte, Rollstühle fuhren vorbei, es stank nach Grillwurst und jede Viertelstunde machte der Dom auf sich aufmerksam, in dessen Schatten sich das alles abspielte. Und zwar mit ohrenbetäubendem Glockenklang. Bong, Bing, Bong und so weiter.

Das Fest hatte riesige, sehr ordentlich aufgestellte Infozelte zu den Themen: Auferstehung, Nächstenliebe, Hunger in der Dritten Welt, Abtreibung ist Mord usw. Und ich vermisste ein wenig Zelte mit anderen Themen. Ich schaute mich weiter um, doch alles, was ich sah, blieb auf diesem Niveau.

Es tut weh, Wahrheit zu vermissen.

Dann ging ich mal in diesen Dom.

Voll war es auch hier und das obwohl sich die hier anwesenden Christen nicht zur Messe versammelt hatten, sondern ausschließlich zum Abchillen. Hier war eine angenehme Ruhe, aber es roch nach Seniorenheim und Weihrauch. Also diese Mischung aus wegen Inkontinenz vollgepisster Stützstrumpfhose und angezündeten Heilkräutern.

Mir wurde auf der Stelle schlecht. Christliche Drogenexzesse. Das kennt man ja von diesen Kannibalen und Bluttrinkern.

Auf einer Stufe innerhalb des Doms saß ein hässliches Mädchen, das bestimmt 120 Kilo wog, mit einer verstimmten Gitarre und trällerte vor einer aufmerksamen Kindergruppe christliche Lieder.

Ich hörte nur einzelne Wortfetzen wie «Halleluja», «Gott ist gut» und «Heilung», «Rettung» und «Auferstehung» und schloss mich als Zielgruppe erstmal aus.

Die Kinder aber, die da saßen, waren so aufmerksam, als würde Bob der Baumeister das Tageswerk erklären oder Rambo ein vietnamesisches Dorf platt mähen.

Das Mädchen sang schief und war ausgesprochen fröhlich dabei. Als sie fertig war und die Kinder sich davonmachten, lächelte sie mich an, denn ich stand wohl sehr fasziniert über ihren hypnotischen Gesang da, und dann stand sie auf, kam auf mich zu und stellte sich vor. Sie hieß Tamara und kam aus Chemnitz. Sie säße hier auf den Stufen, um Gott zu finden und anderen Menschen wie Senioren, Kindern und Behinderten von Gott zu berichten.

Aha, dachte ich, und Tamara wollte mit mir Kaffee trinken und ich dachte, verschüttete Existenzen können bestimmt tolle Geschichten erzählen, und wir gingen in ein Café in der Nähe des Doms. Es war bereits 18 Uhr 30.

Tamara erzählte mir von Gott und ihrer Suche nach Liebe und immer wieder Gott und Gott und nochmals Gott, weil der ist überall und macht das Leben gut.

Ok, die Essstörung, die ich seit fünfzehn Jahren habe und der Tod aller meiner Angehörigen an einem Tag, nun ja, das kommt vor in Gottes Welt.

Auch schlimm die drei Vergewaltigungen, Schuppenflechte, jedes Jahr ein kleiner Schlaganfall und manchmal spontanes Nasenbluten.

Nun ja, Gott weiß, wofür ...

Ich fragte Tamara, warum sie denn so eine Scheiße von der Liebe Gottes sänge und sie sagte: «Schon das Volk Israel wusste, dass es Gott mehr noch als im Gebet im Gesang loben und preisen kann. Das Buch der Psalmen gibt ein beredtes Zeugnis davon.»

Und ich antwortete: «Ich glaub, wir könnten die Wogen glätten, wenn wir die richtigen Drogen hätten.»

Tamara wurde kurz rot, ignorierte aber den geilen Reim, der mir soeben aus dem Gesicht gefallen war.

Wir unterhielten uns weiter und sie war so unnachgiebig wie gutherzig. Sie wollte mir nicht glauben, dass die christliche Hirnwaschmaschinerie auch bei ihr gewirkt hätte.

Sie wäre doch eine Gefangene des Glaubens, sagte ich zu ihr und ich schlug ihr vor, sie solle eigentlich folgendes Lied singen:

Mir ist es egal, dass mich niemand fickt
Ich habe Pech in der Liebe und Pech im Gesicht
Trotzdem bin ich so doof und lobe den Herrn
Oh Gott, ich hätte mich gern gern.

Tamara verstand, dass ich sie beleidigt hatte, war aber nicht sauer, sondern lächelte und bestellte sich eine Kanne Kakao mit dreifach Sahne und eine große Portion Pommes. Ich fragte mich einfach nur, warum hasst Gott die Leute, die ihn am meisten lieben?
Warum ist der Typ so ungerecht zu dieser planlosen Frau mit gutem Willen und kindlicher Naivität? Diese Frau war ein schwaches Zeichen ewiger Liebe und ein starkes Zeichen endloser Dummheit, aber sie war mir total sympathisch.

Sie fragte mich, ob wir uns öfter mal treffen könnten, einfach nur zum Philosophieren und ich sagte: «Heil Satan, das ist eine tolle Idee.»

Dann kam so eine Frau an unseren Tisch, schlank und stinkbesoffen, und sie schaute wie diese Frauen, die alle gucken wie Schafe, weil sie Komplimente, Getränke oder Parkplätze haben wollen, und die sagte mit französischem Akzent:

Mein Name ist Chantalle
Und isch hatte sie schon alle

Aber disch
Disch noch nisch.

Sie gefiel mir, ihre Besoffenheit und ihre daraus resultierende Direktheit imponierten mir. Das hatte ich zuletzt in Berliner Kneipen um fünf Uhr morgens erlebt, so direkt angesprochen zu werden, aber damals handelte es sich auch um einen jungen Mann, der sich bei mir im Geschlecht geirrt hatte.

Aber Chantals Satz drang zu mir vor, das beeindruckte mich mehr als fast zwei Stunden Tamara, und ich ging mit Chantal mit, ließ Tamara und ihre Gitarre allein, und sie winkte mir hinterher und sagte nur: «Bis bald!» Ich musste husten, nein kotzen wäre es fast geworden, aber husten wurde es nur. Ich freute mich auf spontanen Sex mit einer netten besoffenen Französin, die mich wohl für jemand anderen hielt.

Der Weg mit ihr war aber nur von kurzer Dauer. Vor dem Café empfing uns ein Kamerateam, denn Chantal war nur eine Angestellte für eine Versteckte-Kamera-Produktion. Ich nahm es mit Humor, Chantal war eigentlich Deutsche und nahm ein Getränk vom Kameramann und dann ein Taxi nach Hause, und dann war es Zeit, ich musste anfangen zu lesen ...

Die Lesung war wirklich gut.

Die energetische Entfaltung aus der Enttäuschung mediales Dummopfer geworden zu sein mischte sich gut mit dem Bewusstsein, dass Tamara ein guter Mensch sein kann, aber nicht darf, weil Gott oder so. Später trank ich noch mit echten Trierern und Duisburger Mädchen in einer Kneipe und aß Oliven aus einer Urinschale. Die Leute haben echt Stil in Trier.

Als ich am nächsten Tag übelst verkatert erwachte, hörte ich unter dem Fenster eine Frauenstimme und eine alte kaputte Gitarre – die Frauenstimme war die von Tamara und sie sang:

Mir ist es egal, dass mich niemand fickt
Ich habe Pech in der Liebe und Pech im Gesicht
Trotzdem bin ich so doof und lobe den Herrn
Oh Gott, ich hätte mich gern gern.

Scheinbar hatte sie tatsächlich nachgedacht.
Ich warf ihr eine Zehn-Cent-Münze runter und sie brüllte «Danke» und verschwand lachend und polternd ...

Katrin
(Für Ute)

Wir sitzen in meinem relativ großen Wohnzimmer. Gerade ist ein Film zu Ende, der wirklich gut war, so ein kritischer Movie mit sozialem Abschaum und Anspruch an Stellen, wo Hollywood stirbt.
Ich schenke Wein nach.
Du lächelst.
Ich mache eine Björk-CD an und bedauere, dass man nicht Johnny Cash und Björk zugleich hören kann. Ich meine, kann man schon, nervt aber. Ich entscheide mich aber bewusst für Björk, ich habe ja schließlich Damenbesuch. Sie trinkt Rotwein und fummelt sich eine Filterzigarette aus dem Softpack und ein Feuerzeug tut das, wozu es gut ist.

Der Film flackert uns im Gemüt wie ein wohlig warmes Kaminfeuer. Da war auch eine Liebesgeschichte drin, so eine mit zwei kaputten Charakteren, die erst nicht zueinanderfinden konnten, sich aber immer schon interessant fanden. Dann hatten sie verschiedene Partner und wurden insgeheim eifersüchtig, kümmerten sich jeweils um den Aufbau einer kleinen Familie, kamen aber in Gedanken nicht voneinander los. Sie trafen sich immer oben auf den Dächern von Hochhäusern und philosophierten nächtelang, tranken wie wir Wein und rauchten Filterzigaretten.
Der Film endete damit, dass einer Krebs bekam und stumpf verreckte. Alle weinten und das Leben ging weiter und veränderte

sich nur im Hinblick auf einen Stuhl, der jetzt leer blieb. Der leere Stuhl war auch das Abspannbild, dazu Klaviermusik, die war traurig, diese Musik, und wir sitzen da und unsere Unterarme berühren sich.

Irgendwie sind wir beide voll die Bohemians. Wir sind so Hobbykunstkritiker, die sowieso immer alles wissen, und unser Leben besteht nicht aus dem Suchen nach Nahrung oder der Meditation im Inneren unser selbst, sondern aus dem Auseinandertreten von Filmen, dem Analysieren von Musikstücken und Bands, dem Abhusten auf Vernissagen, dem Abnicken jedweder antifaschistischen Kunst, dem Umarmen von Kleinkünstlern, die grad was dargeboten haben vor fünf Menschen oder weniger und die aufgelöst in Tränen vor einem stehen und irgendwas quatschen von wegen Mangelernährung und verpeilte Menschheit, die die Kunst nicht versteht.
Umarmt gehören diese Leute.
Umarmt, nach Hause begleitet, beruhigt und vertröstet. Die Zeit wird kommen. Viele große Ideen benötigen Umwege.

Björk schreit. Nicht unangenehm. Wenn Björk schreit, gibt es auch immer einen Grund dafür, der meistens Kunst oder Emotion heißt.
Björk schreit und kommt aus Island. Sie sieht immer so aus wie eine Elfe mit Schrumpfkopf und ohne Flügel. Haben Elfen Flügel? Egal.
Björk schreit und schreit und wir genießen das Gebrüll der pathetisch veranlagten Isländerin.

Björk wird wieder sanfter.

Diese Frau muss schizophren sein, sonst könnte nicht all dieser musikalische Sondermüll aus ihr rausfallen, und indem er aus ihr rausfällt, wird aus dem Sondermüll Intellektuellenmusik.

Sie transformiert ihre Neurosen (Haben Islandbewohnerinnen so was?) in Texte und Töne, die schon mal außerirdisch anmuten. Ist diese Frau vielleicht in Wahrheit ein Experiment von Bewohnern eines anderen Universums?

Ein Geschmacksexperiment und wir blöden Menschen sind drauf reingefallen? Weil man Björk eigentlich nicht gut finden kann, geht gar nicht, dafür ist die Musik viel zu zerrissen, und wer findet schon Zerrissenes gut, außer Verrückte.

Musik für Entrückte, für entrümplungsbedürftige Pseudopsychointellektuelle, die sich selbst im Weg stehen.

Meine Gästin zittert ein wenig, als sie sich erneut eine Zigarette anzündet und eine Björkzeile mitsingt, in ähnlicher Stimmlage wie die angebliche Isländerin: «... state of emergency, how beautiful to be, state of emergency, state of, state of, how beautiful, emergency, is where I want to be ...»

Das Lied heißt «Emergency» und dieser Notfall findet in meinem Wohnzimmer statt und meine Gästin weiß ein Lied davon zu singen.

Die Auswahl der CD ist gut, zeigt sie doch, dass, wenn man planlose Kunst macht, man sich doch wundervoll hinter seinem Schwachsinn oder hinter seinem Intellekt verstecken kann.

Alles geht mit solch zufälligen Worten und Tönen. Ich bin ein Notfall, scheint die Musik zu brüllen, deswegen schrei ich euch die Welt in Einzelteile, ihr Verstandskrüppel. Aha.

Meine Gästin versteht dieses Spiel und denkt und singt zu gleichen Teilen, liebt sich in dieser Rolle, man sieht es, ihre Kippe verglüht, während ihre warme Stimme durch den Raum schwingt und auch mich fesselt. Tolles Duett, denke ich und frage: «Noch Wein?», und sie nickt und ich schenke nach. Auch mir.

Ich trinke. Sie schwelgt.

Meine wunderbare Gästin.

Heißt übrigens Katrin, die Gästin, und ist schon seit langem mit mir befreundet. Sie weiß, wer ich warum bin und wie das alles kam und so. Sie checkt es in den richtigen Momenten die korrektesten Fragen der Welt zu stellen, deswegen ist sie meine Freundin.

Sie mag Björk (kann passieren), mag Essen, das ich zubereite, und sie mag mit mir rumhängen und nicht allein sein und dabei tragische Filme, vorzugsweise aus Skandinavien, gucken.

Wir haben gern gemeinsam verrückte Ideengeburten.

Katrin raucht. Das macht sie gern.

Ich auch. Ich rauche auch.

Rauchen sieht toll aus. Bei Katrin und bei mir.

Dabei nimmt man eine Haltung ein, haben wir festgestellt, in der man uns zwei, wenn man uns betrachtet, einfach gut finden muss.

Ich habe keine Partnerin, Katrin nur zwei Katzen, die sind jetzt allein zu Hause und machen Katzendinge, die Katzen tun, wenn sie mal alleine sind. Also sich Käsebrote machen und Pornofilme gucken, kennt man ja von diesen Tieren, und wenn man dann wieder heimkommt, dann tun die Mistviecher so medienkritisch wie Roger Willemsen und schlummern in ihren Ruhezonen.

Aber immer liegt die Fernbedienung woanders, hat Katrin mal berichtet, und Käse fehlt auch immer und Brot auch.

Komisch, aber passt ja, wenn diese Tiere ihre Begabungsinseln nicht im Angesicht von Menschenaugen besiedeln.

Würde ich als Katze genauso machen.

Die Abwesenheit einer Freundin an meiner Seite hat viele Gründe, einer ist zum Beispiel, dass ich komische Anziehsachen trage und häufiger auch mal gar keine, aber wenn welche, dann komische.

Also nicht so Clownstyle, sondern eher so 70er-Jahre-Scheiß, den ich mir zusammengesucht habe, und alles sitzt nicht, aber wir haben ja auch schon 2008 und Katrin hat sich schon wieder eine Zigarette angemacht, nein zwei sogar, und eine steckt sie mir jetzt zwischen die Lippen. Wir rauchen.

Beide. Harmonisch und gleichförmig. Aus Gründen.

«Sag mal», beginnt sie ein Gespräch und es soll ein ernstes werden, «warum haben wir eigentlich noch nie miteinander geschlafen?»

Als der Inhalt dieser Frage in meinem Hirn und auch in meinem Restkörper angekommen ist, sehe ich sie, wie sich ihr kleiner Kopf mit verschlossenen Augen auf mich zubewegt, dann spüre ich ihre Zunge im Ohr, die sich da bewegt, als suche sie was.

Ihre Hand berührt meinen Oberschenkel, die andere meinen Bauch, beide Hände auf der Reise, mein Körper reagiert wie ein typischer Körper, dem Zärtlichkeit passiert. Dann machen meine Gedanken einen Zeitsprung und ich sehe Katrin und mich in diversen Stellungen endlos geil ficken.

Die Hormonsuppe kocht über, wir keuchen, unsere Hirne existieren nicht mehr, wir schreien, graben uns durch die Haut des jeweils anderen, sind nur noch ein großer oranger Ball aus Feuer, dem Feuer der ultimativen Extase, und unsere Körper stehen zum Abschuss frei.

Ich drehe mich zu Katrin, die mich nur anguckt und raucht und Wein festhält, um und frage sie: «Wieso? Hast du Lust?»

Sie überlegt nicht und sagt: «Nö, eigentlich nicht und du, hast du Lust?»

Björk schreit wieder, ich schwenke den Rotwein und sehe in Katrins andächtig blickende grüne Augen und sage: «Nö, grad nicht.»

Die Björk-Platte endet. Die Stille ist dünn und durstig und verlangt nach Füllung durch Geräusch.

Man könnte ja jetzt Punkrock auflegen, Punkrock, der ein subtilschönes und verstörtes Scheißegalgefühl in den Raum schleudert, eine Exploited-Platte zum Beispiel, und die Situation wird wieder stabilisiert.

Aber ich entscheide mich gegen Punkrock.

Ne, kein Punkrock, alter Rap, einfach mal alter Rap.

Rap aus der Zeit, als Rap noch Rap war und kein Hip Hop. Ich habe jetzt Lust auf Public Enemy, Katrin mag Public Enemy und ich wähle deren neues Album aus und mit den ersten Beats und Chuck Ds ersten Rhymes trinke ich mein Weinglas leer.

Katrin lächelt und trinkt auch das ihre leer. «Komm, lass uns was Verrücktes tun», durchkreuzt ihre fast hyperventilierende Stimme plötzlich die musikalischen Arrangements von Public Enemy, «lass uns in deinem blöden Auto nach Prag fahren und zwei Äpfel und drei Frikadellen mitnehmen, und die aber schon vor der tschechischen Grenze gemeinsam aufessen.»

Ich überlege kurz, aber eigentlich auch nicht, Überlegen ist manchmal tödlich.

Ich stimme zu, habe natürlich keine Frikadellen im Haus und wir fahren los und in irgendeinem Miezhaus gucken zwei Katzen Pornos.

Gedanken zum Jahreswechsel

Kennen Sie das, liebe Leser, es ist Ende Dezember, draußen toben Stürme, als flüchteten sie vor etwas, nebenbei peitscht Regen gegen Fensterscheiben, und zwar nur, um diesem Bild Vollkommenheit zu geben. Nur damit man sich als Mensch in einer Unterhose wohlfühlt, nur deswegen, wegen dieser Ausschließlichkeit. Da kommt dann eine Melancholie auf, eine, die den Regenzuschauer mit dem Regen befreundet werden lässt, weil der Regen es ist, der uns zum richtigen Erleben diverser Situationen führt.

Ein Tag in der Unterhose
oder

Mein letzter Sonntag 2007

6 Uhr 28
Zu Bett gehen, wanken, der Flur verformt sich, es sind deutlich mehr Schritte als sonst zu gehen, der Flur ist lang, aber so hatte ich ihn nicht in Erinnerung.

Im Wohnzimmer ist alles zerfeiert, ich habe grade erst die Musik ausgemacht, das letzte Stück war von Nick Cave und hieß «I let love in». Leichte Schmerzen überall, zwei Gäste liegen noch ebenso breit wie ich im Wohnzimmer auf sogenannten Schlafsofas, die wollen in einigen Stunden einen Zug nach Süden nehmen. Der Raum stinkt, ich stinke, zwei Schritte, da steht es, mein Bett.

Der Abend war geprägt von angenehmen Gesprächen mit angenehmen Menschen, und man möchte annehmen, dass es gut war, war es auch, nur Zeit, die Zeit ist ein Arschloch, die uns in Bett treibt, weil wir keine Drogen nehmen, die Betten überflüssig machen, sondern nur welche, die Betten wertvoll machen.

Ich liege da, lediglich in meiner Unterhose und bin erfüllt, und das Letzte, was ich höre, ist ein einfahrender Zug, der in den nahegelegenen Bahnhof rauscht.

Schlaf.

9 Uhr 55
Es klingelt der Wecker oder vielmehr mein Handy in Form der Melodie der Lindenstraße.

Ich habe den Gästen versprochen, ihnen ein Frühstück zu machen, aber schon bei dem Gedanken an das Wort «Frühstück» begibt sich mein Magen in eine seltsame Position, die ziemlich nah an meiner Mundöffnung ist. Ich stehe auf, jemand wackelt an meinem Zimmer, Gott hat Humor, ungefähr nach zehn Schritten, also zwei Minuten, bin ich in der Küche, die Kaffeemaschine weiß, was ich von ihr will, sie hilft mir ein wenig und ich halte mich an ihr fest.

Die Gäste sind schon wach, reden leise im Wohnzimmer, haben schon die halbe Bude aufgeräumt und sitzen da und rauchen Selbstgedrehte. Den Gästen wird ein Kaffee gereicht und es wird ihnen erklärt, wo der Bahnhof ist, sprechen geht noch gar nicht so gut, aber ich habe ja Hände und Augen, meine Gäste verstehen mich ...

10 Uhr 45

Es werden die nach Bier und Zigaretten riechenden Gäste liebevoll aus der Wohnung gekuschelt, um elf Uhr soll der Zug gehen.

Ich stehe am Fenster und sage «Da!» und deute auf den Bahnhof in ungefähr einem Kilometer Luftlinie, und die Gäste sagen «Aha», umarmen mich, bedanken sich für die Herzlichkeit meiner Gastfreundschaft, und es schließen sich Türen hinter ihren Ärschen, und anschließend noch ein Kaffee gemacht und stehen gelassen und dann doch wieder zurückerinnert und lauwarm getrunken ...

11 Uhr 05

Ich liege im Bett mit Schokolade und Literatur und freue mich, dass es so ein unaufgeregter Text ist ... Lesen, das ist zweckfrei verbrachte Eigenzeit, pädagogisch wertvoll, denn ich lerne: nichts, weil ich lese: Popliteratur.

12 Uhr 35

Ich will doch nochmal schlafen, keine Verpflichtungen oder Menschen, die am heutigen Tag auf mich warten würden. Die Schönheit und die Wohltat nichts machen zu müssen, ich trage immer noch die Unterhose von gestern, sie ist schon wie ein Körperteil, sie gehört da einfach hin, und die Entscheidung, heute auch mal gar nichts anzustellen, gehört auch in dieses Bett, das schon langsam meinen Geruch und meine Körperform annimmt.

Das ist die Extase des Nichtstuns, böse Menschen sagen gammeln, ich sage: Ich bin die Geilsten, und zwar alle zusammen!

16 Uhr 23

Mich reißt das Telefon aus dem Schlaf, am anderen Ende eine besorgte Mutter, nicht meine, aber eine, die meint, den Sonntag an Telefonen verbringen zu müssen, und die Philosophie über verschiedene Realitäten lostreten mag.

Sie bemerkt meine Zurückhaltung, weil ich die Breite meines Kopfes bemerke und dessen puddingförmigen, wabernden Inhalt, und das ist alles sooo unpassend zur Geschwindigkeit ihrer Worte, vom Inhalt mal ganz zu schweigen.

Sie ist eine dieser Mütter, die anderen Müttern auf die Fresse haut, wenn diese mit qualmenden Zigaretten Kinderwagen schieben.

Ich mag sie, aber heute ist Unterhosentag, Kleidungsverweigerung und auch Gedankenverweigerung.

Sie lädt mich zu Keksen ein und sucht ja immer noch einen Papa für Jayle, das ist ihre Tochter und die hat einen komischen Namen, aber ich mag ihr Kind ... Aber Papa soll es nicht zu mir sagen, weil ich nicht der Papa bin, weil der weg ist, nach Brasilien geflogen, als er von der Schwangerschaft erfuhr, und als Jayle auf die Welt kam, lag er full of cocktails und trank sich sein Schuldbewusstsein vom Leib.

Ich kenne ihn, aber er ist einer dieser Menschen, dieser Seelenasylanten, die irgendwo stranden und sich überall verkehrt vorkommen, weil sie eben auch überall verkehrt sind. Jayles Mutter hasst diesen Mann, klar, er ist in Brasilien, sie hat die Jayle groß zu machen, macht sie ganz gut ... Heute geht nix, sag ich ihr, und sie versteht und ruft andere Menschen an, die mit ihr Kekse essen werden ...

17 Uhr 47

... bin wachgeblieben, habe noch in Popliteratur geblättert und mich über ein paar Sätze aufgeregt, zum Beispiel stand da irgendwo: «Du kannst doch Menschen, die dich lieben, nicht so einfach verlassen», oder «Ich wollte mein Problem mit der Dame von der Organisation besprechen.»

Das sind so Sätze, die ich nicht verstehe, auch nicht in Texten, in die sie hineingehören. Solche Sätze langweilen mich, ich begebe mich in eine Art aufrechte Haltung, also aufrecht im Sinne von Schimpanse, und dann stehe ich auf, gebückt, der Kopf weist eine Schwere auf, die ich liegend gar nicht bemerkt hatte, und dann laufe ich ein paar Schritte, und da ist diese Küche, meine Küche, die mich mit ihrem Liebreiz empfängt, und dort beginne ich mit den Vorbereitungen für ein entspanntes Abendessen allein, zu dem ich mir vornehme, es unterhosenbekleidet im Bett einzunehmen.

Ich hacke Zwiebeln klein, brate sie in der Pfanne, komme mir vor wie ein Fernsehkoch mit Kotzreiz, bin der Alfred Bioleckmichdochamarsch der Realküche und neben den Zwiebeln wende ich bald Paprika, Tomaten und Nudeln in der Pfanne, und alles wird in ein Bad aus Ajvar getaucht und färbt sich entsprechend rot.

Es riecht nach Sommerfrische und Egoliebe, meine Unterhose kneift im Schritt, ich kneife zurück.

18 Uhr 15

Ich esse, liegend unter meiner Bettdecke, und ich habe keine Hose an, aber die Unterhose. Ist ja auch egal, wer braucht an solchen Tagen Kleidung, die Decke hält mich warm, alles wird gut, denke ich und so kommt es auch.

Ich esse langsam und Aromen breiten sich in meinem Gesicht aus und feiern kleine Feste auf meiner Zunge, bearbeiten meinen Gaumen in spürbarer, zarter Gelassenheit, ein Mal so ein Mahl und man will niemals ein anderes Mahl, denn dieses Mal ist dieses Mahl perfekt. Ich esse das und furze einmal laut, nur um mein Gehör zu überprüfen, mein Geruchssinn wird gleich mit überprüft.

18 Uhr 50
Lindenstraße, die beste Parallelgesellschaft in Deutschland.

19 Uhr 05
Es ruft jemand zur besten Lindenstraßenzeit an und wird dafür angemeckert, tödlich verwünscht und verbal abgefuckt, so was weiß man doch ...

20 Uhr 13
Dieser jemand ruft aus Sicherheitsgründen nochmal an, fragt nach meiner Befindlichkeit.
Ich erkläre ihm meine Sachlage, dass ich keine Sachen anhabe und er, ja er beneidet mich darum. Er trägt den ganzen Tag schon eine unbequeme Hose über seiner Unterhose und dann fragt er, ob er mich jetzt noch sehen könne, aber ich lehne ab, erkläre noch kurz, dass dieses Unterhosengehenlassen-Ding ein vollkommenes Egoding ist, an dem man keine anderen Menschen beteiligen sollte.
Er versteht das, er gehört zu den Guten, zu denen mit Verständnis für Liegengebliebene und auch für die, die mit voller Absicht liegen bleiben, oder für die Leute, die an Rolltreppenenden einfach mal so stehen bleiben, weil niemand auf sie wartet, weder

unten noch zu Hause, noch sonst wo. Ich verabrede mich mit diesem Menschen für nächstes Jahr, Ziel ist es, eine Bierbar leer zu trinken, und wir halten das für ein gutes Ziel und haben doch gern diesen geblähten Bauch, der nach Genuss aussieht und auch so riecht.

Ich furze, ich lebe, die Evolution hat mich nicht vergessen.

20 Uhr 50

Ich liege schon wieder im Bett ... Mir fehlt nichts ... Ich bin ein selbstzufriedener Unterhosenmann, den nichts stört, alles gut. Das Buch ist weiter unaufgeregt, ich schmeiße es weg, Unaufgeregtheit hab ich schon genug.

Ich fange ein neues Buch an, eines in meiner Griffweite, ich strecke einfach die Arme aus und es sieht nach Subkultur aus und es riecht nach Rauch, aber so riecht ja alles heute, die Gemütlichkeit des Gehenlassens riecht oft nach Rauch, heute aber sehr speziell nach gedünsteter Zwiebel und ungewaschenem Mensch ... (Ich bin nicht Charlotte Roche, die sagt: «Waschen ist doof, aber es gibt so Tage, da ...») Ich beginne zaghaft, erste Buchstaben in mich reinzulassen. Mein Geist öffnet sich für die Welt eines anderen.

23 Uhr 42

Das Buch war super. Es ging um einen Mann, der in einer WG wohnt und Drogen nimmt und gar nicht weiß warum, bis er merkt, dass er drogensüchtig ist und das erstmal schlimm findet, dann auf den Strich geht und das erstmal schön findet und dann nicht mehr, denn er wird anal inkontinent.

Sein Darm wurde auf eine harte Zerreißprobe gestellt, als man ihm kalte Metallgegenstände reinrammte, aua ... Er starb auf Seite 243 und wurde, weil es ein indisches Buch war, als Grille wiedergeboren, alleinerziehend und schwermütig ... verrückt ... aber schöner Stil.

0 Uhr 21
Ich puste die Kerze neben meinem Bett aus, nachdem ich einfach nur an die lieben Menschen da draußen gedacht habe. Ich weiß, es gibt auch ein paar böse Menschen da draußen, aber die werden uns nicht besiegen, nicht nach solchen Tagen wie heute.

Und schließlich ist es Mitgefühl

Da war diese Party in einer Wohnung, nicht so toll, eben eine Party in einer Wohnung und alle tanzten zu Scheißmusik, weil sie auch nur Scheißmusik mögen.

Überwiegend vergnügte sich hier langzeitstudentisches Volk.

Jemand kam in die Küche, wo ich saß und mit steigendem Besoffenheitspegel Wodka in mich schüttete. Ich saß allein dort, auf einer Bank, vor einem Tisch, darauf eine Flasche, ein Glas und ein Aschenbecher.

Weil ich viel Struktur brauche, rauchte ich zu jedem vierten Glas Wodka eine Filterzigarette. Der verrückte, kleine Filter, der den Dreck aus meiner Blutbahn hält. Alles verraucht hier, dachte ich noch. In der Küche waren auch Mädchen und die redeten Mädchenzeugs und tranken bunte Schnäpse.

Uninteressant.

Der kommende Jemand, so ein hippiemäßiger, Cordhosen tragender, Baumwollhemd behangener Jüngling gesellte sich zu mir, wohl auf der Suche nach Sozialkontakten, aber ich wollte allein trinken, alles vorbeirauschen lassen, was vorbei ist, alles verstehen, und das kann man nicht, wenn jemand einen seitlich volltextet.

Na ja, Küchenpartys bergen Risiken. Er setzte sich also direkt neben mich auf die Küchenbank, strich sich seine blöden, blonden Rastazöpfe aus der Stirn und nippte an seinem schwulen Becks Gold und machte sich auf diese Weise schon mal hochgradig unsympathisch.

Er hatte schöne Augen, fiel mir auf, aber jetzt bloß nicht sentimental werden. Schöne Augen sollen schweigen, dachte ich so bei mir.

Bevor der Jüngling nun aber seine Stimme erheben konnte, sprach ich ihn an, um schon mal was aus dem Weg zu räumen, was von ihm an Unbehaglichkeit ausgehen könnte. Also wenn schon reden im Suff, dann auch richtig. Der Wodka war ein Gedankenbeschleuniger und fühlte sich gut im Bauch an.

Ich begann: «Alter, weißt du, was ich kacke finde? Menschen, Alter. Menschen, die eine Meinung haben und sie ständig vertreten müssen. Da reicht es schon, das Wetter anzusprechen, und schon ist man bei CO_2 produzierenden Kühen. Dazu das Blitzen in den Augen, wie nach dem ersten Mal alleine scheißen gehen – Schaut mal, ich kann das auch ganz alleine und mach jetzt immer weiter so. Hu hu, so jemand kann doch nur neurotisch vorbelastet sein.» Er nickte und sah mich an. Das hat ihn wohl noch nicht abgeschreckt.

Ich erhöhte um folgende Meinung: «Ich hasse außerdem Menschen die Rilke oder Hesse lesen, gleichzeitig schwul und hetero sind, Rammstein und gleichzeitig Hello Kitty mögen, oder die alles hassen, aber Tiere lieben, so Spinner gibt's ja wirklich. Außerdem verachte ich aus tiefster Seele Leute, die Werte vermissen und gleichzeitig Werte hassen, diese moralisch verseuchten, abgestumpften Moralmenschen, die dann auch noch Kurznachrichten im Rekordtempo schreiben und immer, immer wieder ihren eigenen körperwarmen Gefühlsbrei wiederkäuen. Wie ekelhaft ist das eigentlich?»

Der Rastamann wollte grad ansetzen, rang nach Worten, nach Dialog, nach einer Antwort auf das Dauerfeuer meiner Befindlichkeitsanalyse, aber jetzt war ich in Fahrt: «Pass auf, Alter», fuhr ich fort, «mein Hass gebührt weiterhin denen, die wissen wie der Hase läuft und das auch genau so äußern: ‚Ich weiß, wie der Hase läuft'; und das, obwohl sie absolut keinen Plan haben. Solche Leute lachen auch so unvermittelt, wenn man ihnen mit Absicht einen schlechten Witz erzählt so wie: ‹Wo wohnen denn Katzen am liebsten? – Im Miezhaus› oder ‹Kommt ein Zyklop zum Augearzt.› Das ist nicht witzig und gelacht wird immer darüber. Ich hasse das. Genauso hasse, nein verachte ich aus tiefster Seele, die Leute, die sich selbst charakterisieren (Ich bin ja eher der ausgeflippte Typ), Intimitäten gleich beim ersten Treffen preisgeben (Ich liebe es, nackt im Schnee zu tanzen) oder immer sofort wissen, wie der Gesprächspartner gestrickt ist und dann so unsensible Weisheiten kundtun wie: ‹Liebe das Leben und es wird dich zurücklieben›. So eine Gefühlskotze. Kacke außerdem, wenn man danach noch gefragt wird, ob man Rilke oder Hesse liest und wie man das findet, und ob man schon mal Yoga probiert hat, so zur Entspannung. Ich hasse Entspannung!»

Ich atmete einige Male heftig ein und aus, eher so ein Rinderschnauben, das man aus Warteschlangen aus dem Schlachthof kennt. Der Rastamann wollte wieder dazwischenfunken, irgendwas sagen, sich in den Kreislauf meiner Gedanken integrieren.

Ich nahm seine Hand und sah ihm tief in seine versoffenen Augen: «Alter, und weißt du, was ich noch hasse? Diese Leute, die Bestätigung über hündische oder Reh ähnliche Blicke einfordern. Das geht ja gar nicht. Mann, Alter, du musst mich wirklich für einen hasserfüllten Menschen halten, so wie du jetzt guckst.»

Der Typ sah mich nur an, ich sah, wie sein Gehirn Aktivität vortäuschte, und er trank sein schwules Becks Gold etwas leerer und ich nutzte die Gelegenheit, ihn weiterhin intellektuell zu stimulieren. Ob er es mochte, war mir egal, sein Blick war irgendwie unangenehm, doch ich hatte eine Mission: Ich wollte mich relativieren.

«Ich liebe Menschen, Alter, ja ich liebe auch Menschen. Menschen, die nicht zwischen gut und böse unterscheiden können, mit denen bin ich in Liebe, wenn sie denn zwischen Stumpfheit und Raffinesse unterscheiden können. Außerdem liebe ich Menschen, die am Leben wie an einer Krankheit leiden, die diese Krankheit sind, sie zu jeder Sekunde ihres Lebens darstellen, weil sie eben diese Krankheit sind, und sich aber auch für Diagnosen interessieren, aber nur um da einfach weiterzumachen, wo man aufgehört hat.»
Sein Blick heuchelte Interesse, wahrscheinlich hielt er mich für einen Irren und hielt sich für potentiell bedroht von meinem Irrsinn.

Da, in dieser Schräglage des elementaren Bedrohungsirrsinns, baute ich den Verbalbogen an: «Des Weiteren liebe ich Menschen, deren Zuneigung eine potentielle Bedrohung darstellt und sich so schnell in Hass verwandelt, wie man ‚postmodern' sagen kann. Ich liebe Menschen meistens noch mehr, nachdem sie begonnen haben, mich zu hassen.»
Der Typ schien überfordert, seine Stirn legte sich abwechselnd in Falten, um sich dann schwungartig wieder zu glätten, so geht das Vortäuschen studentischen Denkens.
Er schwieg aber weiter, umklammerte seine Bierflasche und versuchte mit seinem Blick den meinen einzufangen.

Ich machte weiter, die Sprache quoll mir aus dem Gesicht: «Weißt du, ich liebe Menschen, die selbstverständliche Dinge tun, die sich zum Beispiel einen Kaffee machen in dem Glauben, es würde nur diesen einen Kaffee geben, um dann den Kaffee hinzustellen, als würde im ganzen Universum nur dieser eine Tisch existieren, und um ihn dann zu trinken und die Besonderheit des Augenblicks zu spüren. Außerdem liebe ich Menschen, die bei bohrenden Blicken mit Banalitäten antworten oder auf fragende Blicke ihr Unbehagen äußern. Ich liebe diese detaillierten Ästheten. Letztens hat eine gute Freundin von mir gesagt, sie müsse beim Orgasmus immer an gotische Kathedralen denken. Mein Herz hat selten so laut geschlagen. Ich mag Menschen, die sadistisch veranlagt sind, dabei aber überdurchschnittliche Bildung vorweisen können. Diese kommen meist aus nichtbürgerlichem Hause und verletzen die letzten bestehenden moralischen Grundsätze, ohne dabei ihre Unschuld zu verlieren.»

Mein Monologzuhörer hatte mittlerweile sein Bier geleert und schaute mich so kindlich fragend an. Ich sah, wie er nachdachte, wie er vielleicht darüber nachdachte, einfach zu gehen, den Ort zu wechseln, das Land zu verlassen, auf den Mond zu reisen, bloß um nicht mehr mein Gelaber ertragen zu müssen.

Ich machte weiter, nahm nochmal seine linke Hand in meine rechte, hielt in also nunmehr an beiden Händen fest – eine Stimmung wie in pathosbeladenen Liebesfilmen machte sich kurz bemerkbar, um dann aber wieder beim Blick in sein Gesicht zu verschwinden – und sagte: «Ich liebe Menschen mit Mitgefühl, solche, die entschlossenen Geistes sind. Menschen, deren Vitalität auf einen Genpool zurückgreift, deren Individuen sich aus bloßer Faulheit oder instinktiver Ignoranz allen überflüssigen gesellschaftlichen Forderungen und Förderungen entzogen haben. Hirne solcher Menschen setzen nie Fett an.»

Die Küche war leer geworden, ich wusste nicht, wie spät es war, fühlte mich irgendwo zwischen Sentimentalität und Erbrochensein beheimatet und beendete meine Ausführungen mit folgenden Worten: «Ich liebe Menschen, Menschen, die alles sind, was ich nicht bin, minus dem, was andere sind, plus dem, was ich mal war, geteilt durch das, was wir alle sind. Kennst du so jemanden?»

Der Rastamann schüttelte den Kopf, und endlich kam er auch mal zu Wort und lallte: «Also, ich hab jetzt grad gar nicht zugehört, was du so gesagt hast, aber der Klang deiner Stimme hat was Hypnotisches. Ich wollt nur fragen, ob du 'ne Zigarette für mich hast.»

Sein Blick war irgendwie überhaupt nicht mehr zielgerichtet. Nach Beendigung seines Satzes fiel er von der Küchenbank und als er auf dem Rücken liegend auf dem Boden angekommen war, erbrach er sich fontänenartig, nur um nach einer Minute kotzen und würgen, sanft in seinem Kotzehaufen einzuschlummern. Ich bückte mich zu ihm hinunter, legte ihm eine Zigarette vors Gesicht und wechselte ins Wohnzimmer. Vielleicht hat er ja immer noch Lust eine zu rauchen, wenn er aufwacht ...

Night by train and celebrating youth and friendship
für und mit Manu

Alle meckern und verbalkacken über die Bahn, die nicht kommt oder die zu spät kommt oder zu teuer, zu ungemütlich, zu dreckig, zu unökologisch, zu privat, zu vollgepisst und zu doof ist.

Und er, mein Freund, ist Lokführer und hat den Mut, sich für all das zu schämen. Aber irgendwie ist ihm auch alles wunderbar egal, denn dieses Bahnfahren ist für ihn nur ein Hobby, sagt er immer. Ein Hobby wie für andere Menschen Steine sammeln oder Fußball, ein Hobby, das man macht, weil da mehr Spaß als Zwang regiert, ein Hobby, mit dem er mehr verdient als eine ausgebildete Friseurin oder ein Bestsellerautor wie ich.

Und in dieser Nacht, wie in vielen anderen Nächten auch, zelebrierten wir unsere nicht mehr ganz so frische Jugend und unsere Freundschaft.

Mit dem Zug durch die Scheiße, über Strecken, an denen keiner, der gucken kann, leben mag, und wir standen an Bahnhöfen und aßen proletarische Nahrungsersatzstoffe wie Pommes mit Ketchup oder ähnlich working class verdächtige Unleckereien.

Er hat es wirklich drauf, in den total passenden Momenten das zu schenken, was notwendig ist. Mir ging es lange Zeit nicht gut, irgendwie sozial verstümmelt durch gegenwärtige Geschehnisse, und zum Trost lud er mich ein vorne in der Bahn, also in der Lok, durch eine Nacht zu ballern.

Das haben wir schon öfter gemacht: Bahnfahren durch die Nacht bis in den Morgen, bis ein wenig Sonne kommt, auf die wir alle warten. Hoffnung lag immer in diesen Fahrten, dass danach alles anders als zuvor wird.

Die Zeit vergeht wie im Zug.

Romantik ist was Brachiales, etwas, was auch schon mal wehtut, und zwar da, wo man keinen Schmerz vermutet. Die Zärtlichkeit einer Schienenführung.

Die hässlichsten Bahnstrecken Deutschlands, ich habe sie kennengelernt durch die Nacht, durch die Nacht mit dem Eisenarsch. Ja, man denkt immer, therapeutische Ansätze müssen so schwierig sein, also dass es kriegsähnlicher Zustände in einem selbst bedarf, um sich seelisch wieder in ein Gleichgewicht zu prügeln, aber weit gefehlt, eine Nacht Zugfahren mit dem Bahnmannfreund und das Bewusstseinskonto ist wieder ausgeglichen, denn ich habe Romantik und Freundschaft eingezahlt.

Es war eine Nacht von Donnerstag auf Freitag, langsam wollte es leise Winter werden und die Hässlichkeit unserer Gegend ist noch tausend kaputte Blicke wert, aber wirklich nur tausend, danach muss ich wohl nach Berlin oder London ziehen, um neue Hässlichkeit zu entdecken. Die Hässlichkeit meiner Gegend aber bestimme ich teilweise selbst mit, denn ich entscheide, wohin mein Blick geht, wohin ich ihn lenke, und zu ungefähr siebzig Prozent müssen meine Augen meinem Gehirn pure Hässlichkeit vermitteln.

Und das machen sie, die Augen, auch, weil sie keine andere Gelegenheit haben. Denn diese Hässlichkeit ist allgegenwärtig. Industriekultur und Bäuerlichkeit.

Eine schizophrene Gegend eigentlich, die sich selbst an ihrer Weiterentwicklung hindert, denn hier sind zu gleichen Teilen Tradition und Moderne am Start und machen einander das Leben unbeweglich.

Aber diese Hässlichkeit, diese unumstößliche Arbeiterantischönheit, in der ich zu Hause bin, die wärmt mich wie ein Stahlofen. Darin kann ich ihn weiden, meinen Blick, mein Sein.

Die Bahnstrecke, die uns bevorstand, war die von Münster nach Hagen, es sollte also durch münsterländische Natur Richtung stinkenden Ruhrpott gehen. Im Münsterland geht es ja noch, da lohnen sich noch die Blicke aus dem Fenster, da sind noch gesunde Bäume, die sich am Gleisrand aufhalten. Aber je näher man diesem Hagen kommt, umso kälter und böser wird die Atmosphäre.

Ich trug eh grad die sogenannte «Melancholie des Bilanzziehens» mit mir rum und da passte diese Strecke gut zur Verfassung meines Gemüts. Außerdem war es bereits weit jenseits der Dämmerung und die Dunkelheit schluckte das Meiste der Hässlichkeit da draußen.

Er lud mich wieder ein mitzufahren, und ich sagte zu, weil da in dieser Nacht nichts war, niemand war, der nach mir rief. Also saß ich etwas später im Maschinenraum einer Elektrolok und erkundete eine der hässlichsten Bahnstrecken Deutschlands, Münster-Hagen.

«Der Ausstieg befindet sich in Fahrtrichtung links», das sagte er voll oft und dann öffneten sich schreiende Türen und spuckten Leute ins Freie oder sogen welche auf, die sich fröstelnd ins Innere des Zuges kauerten.

Dort saßen sie dann, zusammengefaltete Leben, und wurden durch die Nacht gewuchtet, vorne im Zug er und ich und Zigaretten und zunächst wenige Worte. Er wusste um meinen Zustand, ich wusste um meinen Zustand, mein Zustand war kein Zustand von Dauer, wenn ich überleben wollen würde. Ich war gefangen in einer Art Emotionsknast.

Jede Bewegung tat weh zu der Zeit, weil ich in jemanden verliebt war, der ich egal war. Schlaue Kinder gehen einfach weg, doofe Kinder rennen ins offene Messer der Beschleunigung, Kinder, die runterkommen wollen und sich nicht mehr um die Klinge drehen wollen, auf der sie ohnehin schon aufgespießt sind, fahren mit dem besten Freund durch die Nacht.

Bahn. Jawoll, Bahn.

Da fuhren wir also, Geräusche hinter uns aus dem 8.000-Volt-Maschinenraum, Geräusche, wie man sie sich innerhalb eines Panzers vorstellt. Rotierend, die Maschine mit einer gewissen Grundaggression ausgestattet. Und dann dieser Maschinenraum, der ein wenig aussieht wie der Hauptdrehort zum Film «Das Boot».

Man könnte sich hier prima Klaus Wennemann, Jürgen Prochnow und Herbert Grönemeyer durch diesen Raum rennend vorstellen, wie sie sich anbrüllen, wie sie ihren Unterwasserkoller leben, wie sich leichte Noten Wahnsinn einschleichen.

Und der Raum tobt. Er entlüftet, belüftet, atmet, die Maschine schreit die ganze Zeit in einer extremen Lautstärke, die man aber nach etwa zehn Minuten Streckenkunde nicht mehr wahrnimmt, weil man sonst verrückt werden würde.

Da fuhren wir also. Monotones Klackern unter uns. Rattat, rattat, rattat, usw. Es war Nacht, die Lok fuhr irgendwas zwischen

140 und 160 und wir sprachen in aller Ruhe über Selbstmörder, die sich gern vor solche Züge werfen, und wo man die Reste findet, die von solchen Menschen übrig bleiben.

Auch an diesem Zug, so erläuterte mir mein Freund, da wurden schon kleine Hände und abgerissene Arme gefunden, aber auch Köpfe von Rehen oder komplette Habichte, abstrakt entstellt zu einem Haufen Genetik, der einfach nicht mehr fliegen mag. Er selbst, so sagt er, habe aber noch keinen Menschen mittels Lok aus dem Liebreiz des Lebens gezerrt.

Rattat, rattat, rattat ...

Suizid. Schweigen.
Wir rauchen.
Das ist verboten hier drin.
Wir rauchen verdammt viel. Ich starre auf die Schienen. Monotones Klackern. Wir sind in einer Geschwindigkeitsmaschine.
Suizid. Schweigen.
Raucherabteile gibt es nur noch vorne in der Personalkabine. Im Führerhaus. Im Maschinenraum, wo voll gemeine 8000 Volt ein Lied vom Transport singen. Er hat das schönste Hobby der Welt: Eisenbahnfahren, Einsambahnfahren.

Ich war ja auf der Suche nach Wohlbewiederfinden und wir sprachen in einer Ruhe über all das, über das Gefühlsleben von Männern um die dreißig. Mit Potenzproblemen, Vollglatzen und anderen Dingen, die einfach am Menschen kaputtgehen, rechnen wir erst in ungefähr hundert Jahren.
Wir reden über uns.
Wir, die Menschen, wir, die Freunde, wir, die Gesichter, die mal wieder Abwechslung und Luft brauchen, um in geregelter Taktung atmen zu können.
Und doch haben wir beide so oft das Gefühl, nicht aufstehen zu mögen, weil wir eh am Boden kleben und die Schwerkraft doch immer gewinnt.
Oder aber, und das nennt nur er als Grund für sein Aufstehen: «Die Bahn fährt nicht ohne mich!», Zitat Lokführer. So verschieden sind wir grad und doch auf der Ebene einer bittersüßen Verständlichkeit.

Ich blicke wieder schweigend auf die Gleise vor uns. Das Frontfenster, draußen angedeutet: Frost.

Die Natur mag sich auch bald verabschieden in eine Art Winterschlaf, auf den ich ja auch jedes Jahr Lust hätte.

So lange schlafen, bis man mit den Blumen aufstehen kann. Krokusse, Osterglocken, Grashalme. Alles soll wachsen in einer unumstößlichen Hoffnung.

Aber jetzt kommt erstmal der Winter. Und erst dahinter, hinterm Winter: Frühling.

Zeit vergeht und verkommt und wir warten und fahren solange mit der Bahn nach Afghanistan.

Oder nach Hagen, ist ja so ähnlich.

Der Mond säuft ab, nur eine Sichel, ein Sparmond, der zwischen Wolken ertrinkt und Sterne kotzt. Der Achtelmond macht schlapp. Er taucht ein in die Wolken und draußen stehen: hässliche Bahnhöfe, bevölkert mit hässlichen Nachtreisenden.

Ich sehe auf einem Bahnsteig zwei Gehörlose angeregt «plaudern». Es wirkt aggressiv, ich glaube, sie streiten, könnte aber auch sein, dass sie Gedichte von mir rezitieren.

Ein alter Mann ist eingeschlafen auf einer Bank, während er auf den Zug gewartet hat. In seiner Hand eine Flasche Billigkorn. Ein Gruftimädchen ist betrunken und fällt mit dem Gesicht voran aufs Pflaster. Sie steht auf, sie weint, hat sie jemals was anderes gemacht?

Weiterfahren, 160 km/h, vorbei an Unna.

Schwerte, Überdosis Schwerte.

Kurz vor elf gibt es immer noch unnatürliche Industrie am Rangierbahnhof. Da wuchten noch Kräne irgendwelche Lasten auf irgendwelche Güterzüge, und was dann passiert, nennt sich Transport oder Güterverkehr. Wir fahren, rauschen vorbei an irgendwelchen Bahnhöfen, ausdruckslosen Gesichtern. Schließlich sprechen wir immer weniger.

Schließlich sind wir in Hagen und gönnen uns Proletariernahrung. Das hat ebenfalls mit der Romantik dieses Abends zu tun. Schlecht ernährt steigen wir wieder ein.

Proletariernahrung: lecker is something else.

Ich sehe mich um und erkenne die Gewissheit der Schlechtigkeit an diesem Ort: Hagen ist voller Hass und schlechtem Sex und der Bahnhof repräsentiert das. Wer diesen Bahnhof kennt, hat ein Scheißleben. Ich bin glücklich, als wir weiterfahren, und fühle mich ein bisschen wie ein Kind, das einen Umsonstgutschein in der Achterbahn gewonnen hat.

Wieder schießen wir durch die Nacht.

Zurück nach Münster.

Wer diesen Bahnhof kennt, hat ein Scheißleben.

Schwerte, Unna und so weiter, Bahnhöfe, über die man nur traurige Lieder schreiben kann.

Ich will aber nicht mehr traurig sein und so schaue ich nach vorn, in die Dunkelheit.

Monotones Klackern unter uns: rattat, rattat, rattat ... Wie kann so etwas Banales nur so glücklich machen ... Wir sehen uns etwas zu lang in die Augen und wenn wir schwul wären oder einer von uns eine Frau wäre, wir hätten jetzt auf diesen Zugkontrollinstrumenten den Sex unseres Lebens.

Aber wir fahren weiter und schweigen. Rauchen. Schweigen. Blicke raus, durch die Scheibe, rattat, rattat, rattat ...

Wir kommen zurück nach Münster und er beendet seine Schicht, zuvor parkt er die Lok noch auf einem Abstellgleis.

Das ist auch ein unschönes Wort aus dem Eisenbahnerjargon. Das Abstellgleis.

Ich sehe eine rückwärtsfahrende Lok, die sich auf das Abstellgleis schleicht. Nur schemenhaft, es ist ja immer noch sehr dunkel. Dann betrachten wir noch die heutige Beute, soll heißen, er leuchtet mit der Taschenlampe die Zugfront durch und guckt, was er so alles an Klein- und Großtieren unbemerkt erlegt hat.

Eine Taube oder vielmehr das, was davon noch übrig ist, ist dort ans Metall geklatscht worden. Sie ist das einzig erkennbare Opfer dieser Nacht.

Ihr Federkleid hat sie ausgezogen, die gute Taube, und so hängt sie als Mahnmal am Zugfrontteil.

Das machen andere weg, sagt er, dafür gäbe es wirklich gute Hochdruckreiniger, die den Taubenklumpen wegspülen.

Taubenklumpen am Zug, vollkommen flugunfähig.

Wir gehen schweigend und rauchend zu meinem Auto. Ganz langsam. «Wenn die Nacht am tiefsten ist, dann ist der Tag am nächsten», so sangen einst Ton Steine Scherben und genau dieses Gefühl ist gerade präsent.

Dunkelschwaden hängen überall, und es ist eine Kälte zugegen, die uns schleunigst in die Betten treiben will. Es ist irgendwas mit vier Uhr nachts und ich bin emotional satt, also nicht überfressen, aber ich hatte vielleicht eine Kleinigkeit als Stimulanz, einfach nur mal wieder die Möglichkeit probiert, mit der man sich auch ganz einfach satt essen könnte. Satt fühlen. Sich an den Emotionen eines solchen Abends satt fühlen.

Um emotionalisiert zu sein, bedarf es wenig, manchmal wirklich nur einer Autofahrt durch die Dunkelheit.

Bewusst. Sein. Schweigen.

Schweigen ist oft gut, und zwar da, wo Worte ohnehin nur Beschreibungen liefern können, nur Taten oder Gefühle umschließen können.

Da kommt Schweigen gerade recht.

Mein Auto hatte ich auf der anderen Seite geparkt, wir stiegen ein und das Autoradio hatte eine CD von den Smiths gefressen, die da nun schon seit drei Tagen wohnte.

Er macht sich eine Zigarette an, schnallt sich auf dem Beifahrersitz an und dann sagt er noch über die Musik, dass sie ihm zwar gefiele, aber dass der Sänger, dieser Mozzer, also der klänge für ihn wie Kermit der Frosch, wenn dieser seine sentimentale Phase habe.

Ich höre genau hin und erkenne, dass er recht hat. Morrissey und Kermit scheinen stimmverwandt zu sein, zumindest die deutsche Synchronstimme von Kermit erinnert sehr stark an das Sangesorgan des Smith-Sängers.

Wir tanzen ein wenig, sitzend, stellen uns vor, wie Kermit der Frosch als Bandleader bei den mittlerweile aufgelösten Smiths einsteigt. Alles ist gut. Wir fahren singend, pfeifend durch die Nacht, der alte Opel röchelt sanft, übertönt von den Smiths. Zeitlos.

Wir fahren, rauchen, schweigen, «... panic in the streets of London ...», rauchen, schweigen, die Musik tanzt uns aus der Welt, zumindest mich, in seinem Kopf hat er zwar schon den Arbeitstag beendet (wenn die Lok aus ist, ist es auch die Schicht ...), aber irgendwie träumt er vor sich hin, träumt sich raus in den kleinen Mond und wir fahren, wir rauchen, wir schweigen zu Ende.

Ich bringe ihn nach Hause und dann mich.

Vor dem Einschlafen ist da wieder dieses Geräusch. Rattat, rattat, rattat, der Rhythmus der Schiene, gleichbleibend, wohlgeformt, fast wie eine Gebetskette, meditativ.

Ich schlafe schleunigst ein, vielleicht fährt dort im Traum die Bahn ins Glück oder in einen Tunnel, wo Feuer ist – who knows ...

ANTI-POP

CH TRAG EIN MASSENGRAB IM HERZEN

TOBY FUHRMANN

n Deine erste Freundin von einem Kleinbus überfahren wird und du stehst eben.
n Groupies nach verrichtetem Liebesdienst vor deinen Augen in Erdbeben-
lten stürzen.
n deine neue Freundin nicht mir dir schlafen möchte, weil sie vergewaltigt
rden ist und dir ihr Vergewaltiger plötzlich am Tresen einer Bar das Du anbie-
an was denkst du dann?
htig: Bauschaum.

y Fuhrmann erschuf mit seinem Erstling ein skuriles Roadmovie voll bizarrer
stalten, irrer Wendungen, gewürzt mit einer Prise neonschwarzem Humor.

kuril und abgefahren, dabei voller Herzblut, garniert mit einem Humor, den man
ach lieben muss.»

Toby Fuhrmann
Ich trag ein Massengrab im Herzen
… dann bin ich weniger allein

Taschenbuch
12 x 18 cm, 148 Seiten
1. Auflage ab Feb. 2010

ISBN: 978-3-86608-128-4

VK: 9,95 Euro

ANTI-POP

DIRK BERNEMANN

SATT : SAUBER : SICHER

Dirk Bernemann
Satt : Sauber : Sicher
Gesellschaftskritisch!

Hardcover
12x18 cm, 256 Seiten
erschienen Feb. 2008

ISBN:
978-3-86608-060-7

VK: 16,95 Euro

Roland ist Huberts und Karlas Sohn und genau hier liegt sein Problem. Nur zu gerne würde er seine Abstammung leugnen, sie abwaschen, aber durch jede Pore atmet seine Herkunft.
Und was nutzt der schönste Schein, wenn im Inneren alles fault ...
Dirk Bernemanns bis dato umfangreichstes Werk ist eine schmerzhafte Abrechnung mit der deutschen Durchschnittsfamilie, mit ihrer Unfähigkeit zur Kommunikation und den Folgen, die für alle Beteiligten daraus erwachsen.
Sein erster Roman ist sprachlich ähnlich verdichtet und konzentriert wie seine ersten beiden Werke, doch dieses Mal seziert er seine Protagonisten bei lebendigem Leib, sieht in sie hinein und durch sie hindurch.

«Mit hohem Tempo und in brilliant verspielter Sprache ergötzt sich der Autor a Leid des Normalodaseins. Ein Leseerlebnis zwischen moralischer Ablehnung un literarischer Begeisterung.» **Galore**

«Eine poetische, aber auch grausame Abrechnung mit unserem Sozialsystem. E beeindruckendes Werk.» **Nordwest-Zeitung**

DIRK BERNEMANN

ICH HAB DIE UNSCHULD KOTZEN SEHEN

Dirk Bernemann
Ich hab die Unschuld kotzen sehen
Taschenbuch
12x18 cm, 128 Seiten
7. Auflage erhältlich

ISBN:
978-3-937536-59-0

VK: 9,95 Euro

«Guten Tag, die Welt liegt in Trümmern», lautet die Begrüßung des Autors, be er einen hinabreißt in die Abgründe einer Welt, die in uns etwas zum Klingen bringt, denn sie ist uns sehr vertraut. Es ist unsere Welt!
Seine Protagonisten schickt er in emotionale Ausnahmezustände und mit maka rem Humor berichtet er von den Kollateralschäden in der Welt. Gekonnt arbeite er mit der Sprache, die selbst Ausdruck der Zerrissenheit und Ambivalenz der Protagonisten wird.

«Faszinierend, eine interessante Gesellschaftsstudie ... Das Buch lässt niemanden unberührt. Garantiert!» **Schwäbische Zeitung, Blog**

«Eine beeindruckende Kostprobe finsterer Kreativität.» **Mephisto**

→ **BUCH DES JAHRES 2006**
BEI DER ORKUS-
LESERBEFRAGUNG

DIRK BERNEMANN

UND WIR SCHEITERN IMMER SCHÖNER

Dirk Bernemann
Und wir scheitern immer schöner
Taschenbuch
12x18 cm, 128 Seiten
3. Auflage erhältlich

ISBN:
978-3-86608-054-6

VK: 4,95 Euro

Dirk Bernemanns zweites Attentat. Wieder hat er das literarische Skalpell zur Hand genommen, seine Schnitte gehen tief, und doch, unter all dem, was wir Leben nennen, ist auch Hoffnung ... oder ist das nur Verfall de luxe?

«Eine wirklich lesenswerte, schonungslose literarische Analyse der seelischen Krankheit des modernen Menschen – bei der aber zwischen den Zeilen auch ma ein Funken Hoffnung durchschimmert.» **Virus Magazine**

«Ein bisschen klingt Bernemann wie ein moderner Bukowski, dem man lange keine Frau zum Ficken, dafür aber einige synthetische Drogen gegeben hat.»
Legacy

→ **BUCH DES JAHRES 2007**
BEI DER ORKUS-
LESERBEFRAGUNG